WELLNESS
im eigenen
GARTEN

Die private Oase zum Abschalten und Regenerieren

Text: Dr. Wolfgang Hensel
Fotografie: Jürgen Becker

Copyright © für diese Ausgabe
Parragon Books Ltd.
Queen Street House
4 Queen Street
Bath BA1 1HE, UK

Text: Dr. Wolfgang Hensel
Fotografie: Jürgen Becker

Layout, Satz, Lithografie:
Makro Chroma Werbeagentur, Hilden

Alle Rechte vorbehalten. Die vollständige oder auszugsweise Speicherung, Verfielfältigung oder Übertragung dieses Werkes, ob elektronisch, mechanisch, durch Fotokopie oder Aufzeichnung, ist ohne vorherige Genehmigung des Rechteinhabers urheberrechtlich untersagt.

ISBN 1-40546-692-8

Printed in China

INHALT

DER WELLNESS-GARTEN

„Ein individuell gestalteter Wellness-Garten bietet Entspannung für Körper, Geist und Seele."

Die Lebensphilosophie hinter dem modernen Konzept der „Wellness" dürfte so alt sein wie die Menschheitsgeschichte, denn Entspannung, innere Ruhe und der Rückzug an einen sicheren, ungestörten Ort sind elementare Bedürfnisse des Menschen. Waren es in der Frühzeit des Menschen noch die Jagd nach Beute oder die Angst vor Raubtieren, so sind es heute berufliche und private Anspannungen, die unser Stressniveau ansteigen lassen. Gerade unsere Gärten sind bestens dazu geeignet, den Stress abzubauen, denn hier kann man sich in einer vertrauten Umgebung „fallen lassen" und Körper, Geist und Seele regenerieren.

Was ist eigentlich Stress?

Unser Körper reagiert bei Belastungen – also auf alle Formen von Stressoren – folgerichtig und biologisch sinnvoll auf die Anforderungen der Umwelt. Bei der kurzfristigen Alarmreaktion auf echte oder eingebildete Gefahr (früher beim Angriff eines Höhlenbären, heute z. B. bei einem überraschenden Termin beim Chef) schütten Hirnanhangsdrüse und Nebenniere verschiedene Hormone aus (das bekannteste ist das Adrenalin), die u.a. den Blutdruck erhöhen, die Blutgerinnung heraufsetzen und die Versorgung der Muskeln mit Blut und Zucker erhöhen. So lange wir Gelegenheit haben, die aufgespeicherte „innere Power" durch körperliche und/oder geistige Anstrengung abzuarbeiten, besteht kaum Gefahr für das allgemeine Wohlbefinden – leider sieht die Realität oft anders aus: Berufliche und private Anspannung, Ärger mit dem Chef oder Kollegen, Probleme in der häuslichen Umgebung oder im Freundeskreis und vieles andere mehr stauen sich auf. Bei jeder neuen Schwierigkeit, die sich auftut, wächst der Berg ungelöster und unverarbeiteter Probleme weiter an. In dem so genannten Widerstandsstadium bei andauerndem Stress wird die Immunreaktion des Körpers vermindert, es können Entzündungen in Magen, Darm oder auf der Haut auftreten, die Gefahr von Herzbeschwerden vergrößert sich bis hin zum Infarkt als Spätfolge, verstärkt ausgeschüttete Mineralcorticoide (Steroidhormone wie z. B. Aldosteron oder Corticosteron) bringen unseren Mineral- und Wasserhaushalt durcheinander. Schließlich gelingt es uns nicht mehr, in einen Zustand der Normalität oder gar der Entspannung zurückzufinden, wir fühlen uns ausgebrannt (Burnout-Syndrom), und im ungünstigsten Fall reagiert unser Körper irgendwann mit einer ernsten psychosomatischen Krankheit (Erschöpfungsstadium).

Wer würde es nicht genießen, hier unter schattigen Rhododendronbüschen Platz nehmen zu dürfen?

Entspannendes Lesevergnügen – so wird der Garten zum Zentrum des Wohlbefindens.

Klare Linien, eine spiegelnde Wasserfläche und sorgsam ausgewählte Materialien ...

Was tun bei Stress?

Zum Glück gibt es Möglichkeiten, den negativen Folgen der Stressbelastung zu entfliehen. Nur wenn es gelingt, diesen tückischen Kreislauf aus Stress, Ärger und aufgestauter innerer Erregung so früh wie möglich zu durchbrechen, finden auch Körper, Geist und Seele wieder Ruhe. Als sinnvolle Ergänzung zu den gängigen Wellness-Angeboten bietet sich der eigene Garten als optimales „Therapiezentrum" geradezu an: Er steht jederzeit zur Verfügung, bietet private Ungestörtheit und kann je nach Typ und Temperament seines Besitzers so gestaltet werden, dass er genau jene ideale Umgebung darstellt, die ein gestresster Mensch unserer Zeit benötigt, um zurück zu sich selbst zu finden.

Der Garten als Zentrum des Wohlbefindens

Der Gedanke, seinen Garten in eine ganz private Wellness-Farm zu verwandeln, scheint nur auf den ersten Blick etwas abwegig. Bei Wellness denken die meisten Menschen zwar eher an Yoga, Zen-Meditation, sanfte Massagen oder die Ölgüsse einer Ayurveda-Therapie, doch zwischen einem Garten und den gängigen Therapieformen bestehen enge geistige Verbindungen. Vielleicht haben Sie schon einmal in den Medien die Stein gewordene, geistige Sammlung eines Zen-Gartens bewundern dürfen – möglicherweise haben Sie sogar einen dieser Gärten besucht. Als Mitglieder des europäischen Kulturkreises können wir einen solchen Garten natürlich nicht mit den Augen eines Zen-Buddhisten betrachten. Aber wir spüren auch ohne die philosophische Versenkung eines Zen-Meisters und dessen Kenntnis der Symbolik, dass ein derartiger Garten eine starke innere Ruhe ausstrahlt. Es wäre sicher vermessen, wollten wir versuchen, einen „echten" Zen-Garten zu planen, aber wir können eine ruhige und dennoch strukturierte Fläche mit Pflanzen und/oder Steinen anlegen, die uns beim Betrachten inneren Frieden schenkt. Ob wir dabei ein gutes Buch lesen, die Gedanken frei schweifen lassen oder uns in einer Meditation üben, ändert nichts an der Wirkung: Was wirklich zählt, ist allein der Abbau von Stress – alles, was unserer Seele und dem Geist gut tut, ist auch positiv für den Körper.

... oder ein Kiesbeet im Stil eines Zen-Gartens lassen die Hektik des Berufslebens in weite Ferne entschwinden.

Ein anderer Zugang zum eigenen Wellness-Garten bietet sich über die alternativen Heilmethoden an. Ob klassische Medizin mit den Schwerpunkten Phytotherapie, Homöopathie oder Bachblüten, ob Kneipp-Medizin oder die weisen Regeln einer Hildegard von Bingen – sie alle basieren auf den Wirkstoffen bzw. auf den Kräften von Heilpflanzen. Ähnlich wie beim buddhistischen Zen-Garten kommt es für den Gartenbesitzer nicht darauf an, einen wissenschaftlich fundierten Apothekergarten anzulegen und sich je nach Diagnose aus den eigenen Heilkräutern ein heilendes Tränklein zu brauen. Aber es macht sehr viel Sinn, ein paar der gängigen Heilkräuter einzupflanzen, sie zu hegen und zu pflegen. Etwas zu kennen bedeutet meist auch, es zu schätzen: Die innere Bereitschaft, seinem Körper mit Heilkräutern etwas Gutes zu tun, ist häufig der erste Schritt zur Besserung. Wenn Sie in Ihrem Garten sitzen und ganz entspannt einen Kräutertee trinken – aus eigener Ernte oder aus der Apotheke – verflüchtigt sich der Stress fast von allein.

Sollten Sie dagegen unter Wellness vor allem die kulinarisch-körperliche Seite des Wohlbefindens verstehen, könnte ein Beet aus Ihrem ganz persönlichen Wellness-Garten Küchenkräuter, Gemüse und Obst für ihre Salate, Säfte und Speisen beisteuern. Produkte, die von eigener Hand gesät oder gepflanzt, gepflegt und geerntet wurden, enthalten keine zusätzlichen Schadstoffe und schmecken schon allein deswegen besser, weil man jeden Schritt ihres Gedeihens begleitet hat. Stolz auf die eigene Arbeit zu sein, etwas zu genießen, was man selbst geschaffen hat, gibt ein gutes Gefühl – und gute Gefühle helfen dabei, Stress abzubauen bzw. gar nicht erst entstehen zu lassen.

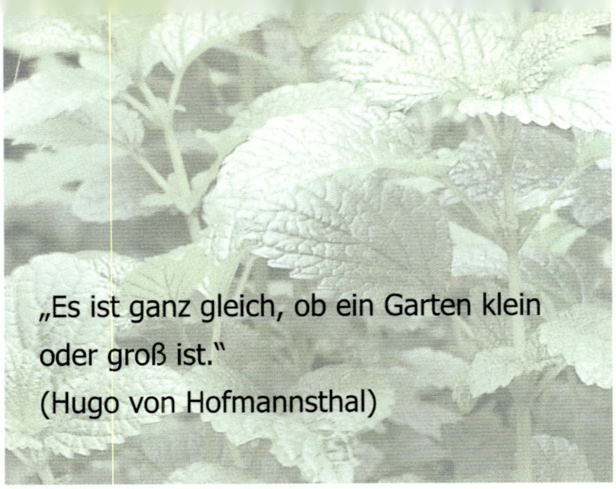

Sportliche Menschen, die ihren Stress gerne durch Bewegung abarbeiten, richten sich einen körperbetonten Wellness-Garten ein. Auf dem Rasen ist Platz für Gymnastik und Spiel, während Trainingsgeräte unter einer überdachten Pergola ein Workout auch bei Regen zum Vergnügen machen. Selbstverständlich darf auch eine bequeme Hängematte nicht fehlen, denn Ruhe braucht auch der sportlichste Mensch. Natürlich können die „Wühlmäuse" unter den von Stress geplagten Gartenbesitzern auch die Gartenarbeit selbst als Ventil benutzen. Dort gibt es immer eine Menge zu tun!

Das Aroma eines Heilkrautes und der Duft von Blüten wirken direkt vom Riechzentrum ins Gehirn.

Vielleicht sind Sie aber weder an Sport und Meditation noch an Heil- oder Küchenkräutern interessiert? Auch dann könnte ein Wellness-Garten eine sinnvolle Ergänzung für Ihre Entspannung sein. Es ist nachgewiesen, dass Farben einen starken Einfluss auf unseren psychischen Zustand haben. Trainieren Sie Ihren Geist, und komponieren Sie aus Blütenstauden einen Farbenrausch, der zu Ihrer jeweiligen Stimmung passt. Gestalten Sie grellbunte Beete für lebhafte, freudige Tage oder Beete mit ruhigen, gedämpften Farben für Momente, in denen Sie lieber nachdenklich in sich gehen möchten. Kombinieren Sie Farben und Düfte in Töpfen und Kübeln, regen Sie Augen und Ihr Riechzentrum an, und setzen Sie den Aufenthalt im Garten mit einem Entspannungsbad fort, dem Sie Duftöle oder duftende Kräuter beifügen. Oder bitten Sie Ihren Partner, Ihnen eine Entspannungs-Massage zu gönnen.

Der Wellness-Garten in der Praxis

Der Hauptteil des Buches stellt Ihnen unterschiedliche Gestaltungskonzepte für Wellness-Gärten vor. Sie sind nicht, wie sonst in Gartenbüchern üblich, nach Beetformen oder Standorten gegliedert, sondern nach der vorherrschenden Stimmungslage des Gartennutzers. Überspitzungen und Überschneidungen sind dabei durchaus beabsichtigt. Die Hinweise und Tipps sind als Anregungen zu verstehen, die Sie beliebig miteinander kombinieren oder abwandeln können. Im darauf folgenden praktischen Teil werden einige Heilkräuter, Gewürze und Duftpflanzen vorgestellt, die Ihren Wellness-Garten ästhetisch bereichern und die Grundstoffe für selbst hergestellte Speisen, Tees, Salben, Tinkturen oder Bäder liefern. Sie finden dort die wichtigsten Tipps zum Anbau, zur Pflege und Verwendung der Pflanzen. Natürlich bleibt es völlig Ihnen überlassen, ob Sie sich wirklich die Mühe machen wollen, Ihre Gartenpflanzen weiterzuverarbeiten. Heilpflanzen

Nach der Entspannung im Garten folgt die Wellness-Therapie auf der Couch.

für Tees und Bäder gibt es in guter Qualität aus der Apotheke, Duftöle und andere Produkte auf Pflanzenbasis in vielen Drogerien, Reformhäusern und Geschäften, die Naturkosmetik anbieten.

Im dritten Abschnitt des Buches finden Sie schließlich einige Anregungen, wie man aus der „Ernte" des eigenen Gartens die unterschiedlichsten Produkte herstellt, die dem ganz persönlichen Wohlbefinden dienen, dazu Tipps für Entspannungs- und Meditationsübungen und anderes mehr.

Dieses Buch möchte sich ganz bewusst nicht in die Reihe der zahlreichen „Wellness-Ratgeber" einfügen, daher fehlen auch konkrete Ratschläge für Wellness-Übungen. Es zeigt vielmehr auf, wie Sie mit geringem oder doch überschaubarem Aufwand eine Umgebung gestalten können, in der Sie und Ihre Familie sich wohl fühlen. Je stärker der Garten auf Ihre ganz persönlichen Bedürfnisse zugeschnitten ist, desto eher finden Sie Ruhe und erreichen einen Zustand der Zufriedenheit und Ausgeglichenheit. Ein derart typgerecht gestalteter Garten bietet dann die besten Voraussetzungen, sich aus dem breiten Angebot der Wellness-Produkte und -Übungen jene auszuwählen, die Ihnen am meisten zusagen.

GÄRTEN FÜR DAS WOHLBEFINDEN

Wahrscheinlich ist jeder Garten, der nach den persönlichen Vorlieben seiner Besitzer gestaltet wurde, mehr oder weniger ein „Wohlfühlgarten". Die vorgestellten Themengärten möchten Sie dennoch dazu anregen, nochmals über Ihren Garten nachzudenken und sich neu inspirieren zu lassen. Wir sind in unserem alltäglichen Leben so vielen Sachzwängen unterworfen, dass wir oftmals vergessen, uns Freiräume zu schaffen. Ein Garten kann uns solche persönlichen Freiräume bieten, wenn wir uns ernsthaft fragen, welche Erwartungen und Bedürfnisse er erfüllen soll und kann, und uns nicht dem Druck scheinbarer Sachzwänge unterwerfen.

Wenn Sie, Ihr Partner, Ihre Partnerin oder Ihre Kinder sich in einem oder mehreren dieser „Typengärten" wiedererkennen, sollten Sie zu stöbern beginnen und nach Anregungen und Tipps suchen. Betrachten Sie die Vorschläge in diesem Buch als eine Art Baukasten mit Gartenelementen, aus dem Sie sich nach Bedarf bedienen. Kombinieren Sie die vorgestellten Elemente mit anderen, tragen Sie eigene Ideen bei, und entwickeln Sie eine persönliche gestalterische Handschrift. Dazu müssen Sie nicht unbedingt von vorneherein den „großen Wurf" im Kopf haben; schaffen Sie sich zunächst kleine Bereiche, je nach Typ einen Meditationsplatz, eine Grillecke, einen Teich, eine Rosenlaube usw., die ausschließlich Ihrem Wohlbefinden dienen. Wenn es Ihnen gefällt, erweitern Sie diesen Bereich des bewusst und individuell gestalteten Gartens so lange und so oft es Ihnen Spaß macht. Wenn Sie jetzt bereits die ersten Ideen im Kopf wälzen, dann sind Sie auf dem besten Weg, einen echten „Wellness-Garten" zu kreieren.

Mut zur Leere – Wellness-Garten als Meditationsort

Wer seinen Garten benutzen möchte, um den Geist schweifen zu lassen, wer gerne nachdenkt, statt einfach nur faul in der Hängematte zu liegen, wer Erfahrungen mit fernöstlichen Meditationstechniken machen möchte (oder schon gemacht hat), oder wer beim Lesen eines Buches bzw. beim Hören von Musik bemerkt, wie seine Fantasie zu arbeiten beginnt, der ist mit einem solchen Garten bestens bedient.

Was zeichnet den Meditationsgarten aus?

Zentrales Merkmal dieses Gartens ist ein Ort, an dem man sich vollständig in sich selbst zurückziehen kann. Das kann ein offener Sitzplatz hinter einer Strauchgruppe, eine Laube oder eine kleine, überdachte Pergola sein – er sollte nur keinen direkten Blickkontakt zur Terrasse und zu den Nachbarn haben. Hilfreich ist auch ein Blickpunkt für den Meditierenden, der ihm dabei hilft, seine Gedanken zu bündeln bzw. den Geist zu befreien.

Gestaltungsvorschläge

Streng genommen muss ein Meditationsplatz keine besonderen Kriterien erfüllen (außer den oben erwähnten). Ob Sie ihn überdacht oder offen anlegen wollen, bleibt Ihnen überlassen, obwohl sich für regelmäßige Meditationsübungen eher ein regensicherer Standort anbietet. Achten Sie bei der Gestaltung darauf, dass der Meditationsbereich wirklich gut vom Restgarten isoliert ist. Planen Sie ihn am besten im hinteren Drittel des Gartens ein.

Eine Steinlaterne und ein kleines Schöpfbecken, geschickt platziert, verleihen diesem Bereich das Flair eines fernöstlichen Gartens.

Wellness-Angebote:
Aromabäder
Bewusste Atmung
Farbtherapie
Massagen/Ölmassagen
Meditation
Wellness-Food und -Drinks
Yoga

Eine Mischbepflanzung aus hohen Gräsern und winterhartem Bambus bildet einen dichten Sichtschirm und sieht von beiden Seiten gut aus. Die relativ derben Blätter des Bambus beginnen, beim leisesten Windhauch zu rascheln und verstärken die beruhigende Atmosphäre des isolierten Ortes. Da das Angebot an Bambus wechselt, müssen Sie unter Umständen in mehreren Gartencentern nach geeigneten Arten suchen. Versuchen Sie es mit einer Mischung aus groß- und kleinblättrigen Formen. Bambus ist auch deswegen gut geeignet, weil viele Arten den Halbschatten bis Schatten unter hohen Gehölzen vertragen.

Ein Meditationsplatz in der prallen Sonne ist nicht jedermanns Sache. Wer ständig seinen Schweiß abtrocknen muss, dem fällt das Meditieren schwer: Der Geist schweift eher zu einem kühlenden Getränk ab.

Um eine echte Meditation durchzuführen, müssen Sie einen Kurs besuchen und die entsprechende Technik erlernen. Es gibt aber Möglichkeiten, diese alten Entspannungs- und Versenkungstechniken in einem „Schnupperkurs" zu erfahren: Setzen Sie sich ganz entspannt mit möglichst geradem Rücken auf einen Stuhl und konzentrieren Sie sich z. B. auf eine Blüte oder ein Blatt (Sie können ein „echtes" Objekt ansehen oder mit geschlossenen Augen daran denken). Versuchen Sie, alles andere aus dem Geist zu verbannen, denken Sie nur an das Objekt. Sie werden einerseits feststellen, dass es gar nicht so leicht ist, nur an eine Blüte zu denken, andererseits aber auch, wie gut Sie sich fühlen, wenn es Ihnen gelingt – die nervende Mahnung des Chefs ist auf einmal nur noch Vergangenheit.

Eine friedliche Gartenszene im Blickfeld des Sitzes trägt auch ohne Meditation zur geistigen Ruhe und Entspannung bei, sie kann das Nachdenken über ein Buch erleichtern oder den Musikgenuss aus dem Kopfhörer verstärken. Sehr stilgerecht ist eine kleine Fläche mit gerechten Kieselsteinen um eine oder mehrere Inseln aus großen Steinen (das sorgfältige Glattrechen der Steine ist bereits Meditation). Auch einige bemooste Steine, eine steinerne Lampe (japanische Teehauslampe), ein ausgehöhlter Stein mit kleiner Wasserfläche, ein Brunnen aus Bambusröhren sind denkbar – alles, was Ihrem Geist Ruhe schenkt, baut den Stress ab!

Die Bepflanzung

Bis auf den pflanzlichen Sichtschirm halten Sie die Bepflanzung am besten sehr zurückhaltend. Im Blickbereich – wenn Ihnen die fernöstliche Variante nicht zusagt – bieten Bodendecker Ihrer Wahl mit wenigen, unaufdringlichen Stauden (z. B. Frauenmantel) dazwischen, die besten Voraussetzungen für einen Stress abbauenden Aufenthalt im Meditationsbereich. Stellen Sie je nach Ihrer Stimmung duftende Topf-Kräuter in die Nähe des Sitzplatzes; sehr anregend für den Geist sind Lavendel, Rosmarin und Melisse; stellen Sie an windstillen Tagen eine Duftlampe mit etwas Fenchelöl in ihre Nähe.

Aufwand und Pflege

Bambusstauden sind Gräser, deren Wurzeln sich recht aggressiv ausbreiten. Um seinen Wuchs im Zaum zu halten, graben Sie bereits bei der Pflanzung eine Wurzelbarriere ein. Alternativ bieten sich größere Kübel an, die Sie entweder eingraben oder als zusätzliche Blickpunkte nutzen können. Ansonsten überschreiten die Pflegemaßnahmen nicht den üblichen Aufwand im Garten.

Eine Wiese reicht oft für eine Meditationsübung aus.

Aus der Arbeit kommt die Kraft – Wellness-Garten für Wühlmäuse

Wer schon beim Gedanken an den Liegestuhl nervös wird, wer lieber den Spaten als ein Buch in die Hand nimmt und sich die ganze Woche darauf freut, sich endlich wieder die Hände schmutzig zu machen, wer noch nie etwas von Easy-Gardening gehört hat und den Alltagsstress im Schweiße seines Angesichts bekämpft, der braucht einen Wellness-Garten, der seinem Tatendrang „Zucker gibt".

Bohnen ernten, Hecken beschneiden und Blumen pflegen – diesem Fleckchen sieht man die Lust seiner Besitzer an der Gartenarbeit an.

Was zeichnet den Garten für Wühlmäuse aus?

In einem solchen Garten brauchen Sie eine ausreichend große Rasenfläche für Bewegungsspiele, aber auch gartentypische Bereiche, die nur mit Aufwand optimal gedeihen: Prachtvolle Rabatten mit vielen Zuchtsorten, die regelmäßig gepflegt werden müssen, ein Beet für Schnittblumen, einen Kompostplatz, ein Frühbeet für die Aufzucht von Jungpflanzen, ein kleines (großes?) Nutzpflanzenbeet – eben alles, was im Laufe eines Gartenjahres nach Arbeit ruft.

Gestaltungsvorschläge

Der Vorteil eines Wühlmaus-Gartens besteht einerseits darin, dass man ihn in jedem bereits bestehenden Garten gestalten kann, und andererseits, dass dank des Arbeitseinsatzes ein wirklicher Traumgarten entsteht. Sorgen Sie zunächst für einen angenehmen Arbeitsplatz, wo die Vorbereitungen erledigt werden. Geschickte Bastler bringen an der Außenwand eines Gartenhauses einen Klapptisch an, wo man Kübelpflanzen ein- und umtopfen, Saatschalen vorbereiten, Nutz- und Zierpflänzchen pikieren kann. Auf einem Kompostplatz werden Gartenabfälle entsorgt, umgeschichtet und der reife Kompost gesiebt, bevor er in den Boden eingearbeitet wird. Bepflanzen Sie den Kompost mit Gurken, Kürbis oder einer attraktiven Kapuzinerkresse. Wenn Sie den Kompostplatz mit einer Schnitthecke als Sichtschutz umgeben, kombinieren Sie Ästhetik mit dem erwünschten Arbeitsaufwand.

Bestens für Wühlmäuse sind Beete geeignet, die man von der Aussaat bzw. dem Einpflanzen der vorgezogenen Pflanzen bis zur Ernte ständig kontrollieren und pflegen muss: Richten Sie beispielsweise auf ca. 10 m² ein Beet ein, das im Herbst gemulcht und im Frühjahr mit Kompost angereichert wird. Hier werden hübsche Schnittblumen für die Wohnung, Salate und Gemüse gesät, gepflanzt und geerntet – Bodenpflege und Jäten werden Sie bis zur Ernte beschäftigen.

Die Bepflanzung

Bei der Auswahl der Pflanzen sind Ihnen keinerlei Grenzen gesetzt. Suchen Sie nach den besten Stauden, die Sie für Ihre Rabatte bekommen können. Wählen Sie aus dem breiten Angebot der Dahlien oder Gladiolen aus, die vor dem ersten Frost wieder entnommen und im Keller gelagert werden müssen. Kombinieren Sie die Stauden mit einjährigen Sommerblumen zu immer neuen, aufregenden Farbkombinationen. Pflanzen Sie Strauch- und Kletterrosen, oder erziehen Sie Obstbäume zu Spalieren. Wagen Sie Experimente mit Kübelpflanzen, oder stellen Sie immer wieder neue Blumenarrangements aus Samenmischungen zusammen. Stellen Sie Ableger und Stecklinge von Ihren Lieblingspflanzen und -kräutern her. So haben Sie stets genügend Nachschub für den eigenen Garten und andererseits sehr persönliche Geschenke für Ihre Freunde. Ein selbst bemalter, pfiffig bunter Blumentopf mit einem Gewürz aus eigener Zucht ist ein wunderschönes Mitbringsel.

Lassen Sie sich bei der Auswahl der Salat- und Gemüsepflanzen in einem Fachgeschäft beraten, oder ziehen Sie eines der gängigen Biogarten-Bücher zu Rate.

Aufwand und Pflege

Was für andere Gartenbesitzer ein Gräuel sein mag – Sie leben erst richtig auf, wenn Sie im Garten arbeiten dürfen. Allerdings sollten Sie eines unbedingt beachten: Sobald Sie oder Ihr Partner bemerken, dass die Gartenarbeit keinen Spaß mehr macht und Sie sich von einem begeisterten Hobbygärtner in einen grünen Workaholic verwandeln, lassen Sie das Unkraut eine Zeitlang wuchern, und legen Sie sich mitten auf Ihrer Spielwiese in einen Liegestuhl!

Tipp:
Verzichten Sie auf eine Schnitthecke, und pflanzen Sie stattdessen dichte Sträucher, die in Strauchbeete übergehen.

Tipp:
Richten Sie sich ein Frühbeet ein (der Fachhandel bietet fertige Modelle an). Darin können Sie bereits im Vorfrühling mit der Aufzucht der Pflanzen beginnen.

Wellness-Angebote:
Aerobic, Stretching, Workouts, Akupressur, Aromabäder, Lachtherapie, Wellness-Food und -Drinks

Wellness-Angebote:
Aromatherapie
Bachblüten
Bewusste Atmung
Farbtherapie
Wellness-Food und -Drinks

In der Hängematte über pflegeleichten Funkien schweben – das ist der tiefere Sinn eines Faulenzergartens.

Ohne Mühe zum Ziel – Wellness-Garten für Faulenzer

Sind Sie das genaue Gegenteil des eben geschilderten Gartenbesitzers? Hätten Sie am liebsten einen Garten, der Ihnen minimalen Aufwand abverlangt? Träumen Sie von einem Paradies, in dem Sie hemmungslos faulenzen können, ohne dafür zu arbeiten? Bauen Sie Ihren Stress am besten beim Nichtstun ab? Dann sind Sie der ideale Typ für einen Faulenzergarten.

Was zeichnet den Garten für Faulenzer aus?

Voraussetzung für einen solchen Garten ist eine Pflanzenauswahl, die sich mit geringfügigem Aufwand selbst erhält: Verzichten Sie weitgehend auf Stauden, und stellen Sie auf Gehölze um; auch Rasenflächen sind pflegeintensiv. Außerdem sollten Sie so viele Flächen wie möglich gegen Unkraut

„versiegeln" und genügend Räume für Sitzgelegenheiten, Hängematten und Liegestühle schaffen.

Gestaltungsvorschläge

Beginnen Sie bei der Gestaltung mit den Ruhezonen, und planen Sie den Restgarten um diese Bereiche herum. Legen Sie an einem sonnigen Tag fest, welche Plätze sonnig, halbschattig und schattig sind, und planen Sie für jeden dieser Standorte eine Ruhezone ein, damit Sie je nach Stimmung im „sonnigen Süden" oder im „kühlen Norden" entspannen können. Sehen Sie genügend Sitzmöbel, Liegestühle und Hängematten vor (für baumlose Gärten gibt es Modelle mit Gestell). Wenn Sie etwas mehr Geld investieren und sich für Gartenmöbel aus Plantagenteakholz entscheiden, entfällt sogar das Umräumen bei Regen oder für den Winter! Stellen Sie die Ruhemöbel auf Holzdecks oder Pflaster aus Natur- oder Betonformsteinen, und breiten Sie unter Kies- oder Mulchflächen immer eine stabile, schwarze Teichfolie aus – diese Maßnahmen reduzieren das Unkraut. Kübelpflanzen – mit sichtbaren Kübeln oder eingegraben – sorgen für das entspannende Grün, Duftlampen, Kräutertees oder Massageöle mit Kräuteressenzen (für die Partnermassage im Sommer) steigern das Wohlbefinden.

Wer in dieser Wanne schaukelt, macht sich sicher keine Gedanken darüber, wann der nächste Rasenschnitt fällig ist.

Gestalten Sie die verbliebene Restfläche des Gartens vorwiegend mit Sträuchern. Ein mediterranes Kräuterbeet neben dem sonnigen Ruheplatz verwöhnt Sie mit dem Duft ätherischer Öle. Breiten Sie dazwischen helle Kieselsteine als Mulch aus und arrangieren Sie ein attraktives Terrakotta-Objekt dazu. Bei den übrigen Sträuchern lassen sich Unkräuter durch eine dicke Mulchschicht oder eine geschlossene Decke von Bodendeckern unterdrücken. Versuchen Sie, Sträucher unterschiedlicher Höhe und Breite in lockeren Bögen und Inseln zu pflanzen, damit die Ruheplätze wie eingebettet in eine natürliche Landschaft erscheinen. Damit wird der Garten auch ohne Staudenbeete sehr abwechslungsreich.

Sogar die pflegeintensive Rasenfläche kann man entschärfen: Pflanzen Sie in eine vorhandene Rasenfläche Zwiebelblumen mit Wildcharakter und naturnahe Stauden ein – das erfordert etwas Aufwand –, und lassen Sie den Rasen als Wildblumenwiese bis zum Sommer ungemäht.

Wetterfeste Möbel und Kübelpflanzen auf einer Kiesfläche halten den Pflegeaufwand in Grenzen.

Die Bepflanzung

Wählen Sie die Arten für das mediterrane Kräuterbeet aus Kapitel 3 aus. Bei der Auswahl der Sträucher lassen Sie sich am besten in einer renommierten Baumschule beraten. Es gibt eine ganze Reihe von Sträuchern, die auch ohne größere Schnittmaßnahmen gedeihen. Dazu gehören z. B. strauchförmige Ahorn-Arten (Acer), Felsenbirne (Amelanchier), strauchförmige Birken (Betula), viele Hartriegel (Cornus), Perückenstrauch (Cotinus), Scheinhasel (Corylopsis), Magnolien (Magnolia), kriechende Nadelbaumarten u. a. m. Treffen Sie Ihre Wahl sowohl nach der Blütezeit als auch nach Wuchsform und Blattfarbe. Streben Sie eine abwechslungsreiche Strauchlandschaft aus Gehölzen an, die über einen langen Zeitraum verteilt blühen und/oder mit farbigen und panaschierten Blättern für Abwechslung sorgen. Gute und pflegeleichte Bodendecker für den Unterwuchs sind z. B. niedrige Berberitzen (Berberis), Zwergmispel (Cotoneaster dammeri), Efeu (Hedera helix), Ysander (Pachysandra terminalis) oder Immergrün (Vinca), im Frühling kommen Zwiebel- und Knollenpflanzen dazu.

Einjährige Blumen der Jahreszeit werden von vielen Gärtnereien preiswert angeboten. Halten Sie stets einige hübsche Töpfe und genügend Blumenerde bereit, um Ihrem Garten Farbe zu verleihen. Verblühte Sommerblumen werden einfach durch neue ersetzt – wenig Aufwand, aber maximale Wirkung.

Sträucher und Bäume erfordern geringeren Pflegeaufwand als Stauden.

Großzügig angelegte Sitzplätze wie hier auf einem Holzdeck sind Inseln der Entspannung, ohne sich um Pflanzen kümmern zu müssen.

Aufwand und Pflege

Wie das Thema des Gartens vorgibt, hält sich die Arbeitsbelastung in Grenzen. Ergänzen Sie regelmäßig die Mulchschicht; das ist weniger Aufwand, als Unkraut zu jäten, und schneiden Sie im Frühling erfrorene Zweige der Gehölze ab.

Die meisten Sträucher werden sparsam gedüngt; hier reicht ein organischer Langzeitdünger aus, der einmal im Frühling ausgebracht wird (Kübelpflanzen werden besser mit Flüssigdünger versorgt). Da einige der Bodendecker etwas wuchern (Efeu, Immergrün, Ysander), müssen Sie hier ab und zu kontrollierend eingreifen.

Vom Frühstück bis zum Grillabend – Wellness-Garten für passionierte Gastgeber

Bauen Sie Ihren Stress am besten ab, wenn Sie darüber reden können – mit möglichst vielen Menschen? Lieben Sie es, sich mit Verwandten und Freunden zu treffen, gemeinsam zu grillen, zu essen oder bei einem Cocktail oder einem Glas Wein warme Sommerabende zu verplaudern? Wenn Sie sich nur in Gesellschaft rundum wohl fühlen und entspannen, dann sind Sie der Typ für den Gastgeber-Garten.

Was zeichnet den Garten für Gastgeber aus?

Das Wichtigste für einen Gastgeber-Garten sind ausreichend viele Sitzplätze. Sie müssen untereinander und mit dem Haus über feste Wege verbunden sein – empfehlenswert ist ein direkter Zugang zum Garten (ohne durch das Haus gehen zu müssen). Ein fest installierter Grill oder ein offener Feuerplatz können sehr reizvoll sein. Wer Gäste hat, muss für Sicherheit sorgen, also sollten alle Sitzplätze und Wege stabil und glatt gepflastert sowie beleuchtet sein.

Der Traum eines jeden Gastgebers: anregende Gespräche in vertrauter Runde.

Wirkungsvoll installierte Lampen und schwimmende Leuchtkugeln tauchen den abendlichen Garten in stimmungsvolles Licht.

Gestaltungsvorschläge

Überlegen Sie zunächst, mit wie vielen Gästen Sie tatsächlich rechnen. Es macht wenig Sinn, den Garten für Hochzeitsgesellschaften zu planen, wenn in der Tat nur ab und zu zwei bis drei befreundete Ehepaare zu Besuch kommen. Ein großzügiger Sitzplatz geht von der Tischgröße plus einem 1 m breiten Rand aus (für einen 90 cm x 150 cm großen Tisch für maximal 6–8 Personen also etwa 10 m²). Bei kleineren Tischen oder Bänken verringert sich die benötigte Fläche.

Kleinere Gärten wirken weitläufiger, wenn sich die Gäste nicht an einem Ort aufhalten, sondern zwischen zwei oder drei Plätzen wechseln können. Werden die Wege zwischen z. B. Terrasse, Grillplatz und Essplatz zudem breit und großzügig angelegt, können die Gäste sogar „flanieren“ und ein Gespräch unter vier Augen führen. Da Grillen im Sommer schon beinahe zum guten Ton gehört, darf einer der Sitzplätze ruhig mit einem gemauerten, festen Grill versehen sein. Wenn Sie sich für eine Kaminkonstruktion entscheiden, entsteht ein „Kaminzimmer im Freien“, wo Sie Ihre Freunde am Abend mit einem offenen Feuer verwöhnen können.

Die Bepflanzung

Bei der Bepflanzung Ihres Gastgebergartens sind Sie völlig frei. Sie können die Pflanzenauswahl eher wie in einem Faulenzergarten auf Gehölze konzentrieren oder sich für pflegeintensive Staudenbeete entscheiden (Letzteres allerdings nicht in direkter Nähe von Wegen oder Sitzplätzen, falls die Stimmung überbordet ...). Ein Beet mit Schnittblumen für die Tischdekoration ist empfehlenswert. In Kapitel 3 finden Sie Gewürzkräuter, die in Töpfen und Kübeln neben dem Grill bzw. dem Essplatz zur Dekoration und als spontane Würze dienen.

Aufwand und Pflege

Zum Aufwand für die Pflanzen siehe unter den anderen Themengärten. Ein Gastgeber sollte allerdings regelmäßig größeres Augenmerk auf die Sicherheit von Wegen und Sitzplätzen, Grill- und Feuerplätzen (niemals flüssige Anzünder verwenden!) sowie die Beleuchtungseinrichtungen richten. Sammeln Sie rechtzeitig vor einem geplanten Gartenfest Kräuter für kleine Köstlichkeiten, wie Kräuterbutter, Mayonnaisen, eingelegten Käse und anderes mehr – nicht zu vergessen Kräuteröle und -essig für die selbst gemachten Salate.

Wellness-Angebote:

Akupressur

Lachtherapie

Wellness-Food und -Drinks

Rosenlaube und verwunschene Ecken – Wellness-Garten für Romantiker

Wellness-Angebote:
Akupressur
Aromatherapie
Bachblüten
Farbtherapie
Lachtherapie
Massagen
Ölmassagen
Meditation

Sind Sie jung verheiratet, frisch oder alt verliebt? Verschwindet der alltägliche Stress sofort, wenn Sie allein zusammen mit ihrem Partner sind, den Duft von Rosen einatmen und den anderen nahe bei sich spüren? Denken Sie bei dem Wort Garten automatisch an Dornröschen und geheime, verborgene Winkel? Dann sind Sie vermutlich ein hemmungsloser Romantiker und brauchen genau diesen Garten.

Was zeichnet den Garten für Romantiker aus?

Der wichtigste Aspekt eines romantischen Gartens sind verschwiegene Ecken, die nicht von außen eingesehen werden können. Statt aus Mauern und Holzzäunen besteht der Sichtschutz eines solchen

Gartens aus Spalieren mit üppigem Pflanzenbewuchs. Neben den üblichen Gartenmöbeln braucht ein romantischer Garten kuschelige Sitzgelegenheiten, in denen man sich näher kommt.

Gestaltungsvorschläge

Romantische Gärten sind gewissermaßen nach innen gekehrt. Ihre Besitzer leben im positiven Sinne in einem Kokon, der sie von der Außenwelt isoliert und den Rahmen für eine sehr persönliche Erlebnis- und Traumwelt bildet.

Errichten Sie eine Laube, entweder als Eigenkonstruktion mit Balken, Spaliergittern und Dach oder als Bausatz aus dem Baumarkt. Wer Zeit, Mühe und mehr Geld aufwenden kann und will, findet auch Modelle, die bereits per se auf Romantiker zugeschnitten sind. Die Laube sollte Platz für eine Zwei-Personen-Bank, einen Tisch und möglichst auch für eine Liege bieten, wo Sie im Sommer eine entspannende Partnermassage genießen können.

Suchen Sie nach einer oder mehreren Stellen in Ihrem Garten, die möglichst wenig von den Nachbarn eingesehen werden können; dass Sie selbst von dort keinen Sichtkontakt nach draußen haben, steigert das Gefühl, allein auf einer romantischen Insel zu sein.

An den Gittern wachsen Kletterpflanzen, die das Innere mit Duft erfüllen und das Licht filtern. Stellen Sie mehrere Töpfe oder Kübel mit duftenden Pflanzen in die Laube, um die blütenlose Zeit zu überbrücken; unterstreichen Sie die Atmosphäre mit Duftlampen.

Ein versteckter Sitzplatz, durch dichte Staudenbeete und üppige, blühende Kübelpflanzen vor Blicken geschützt.

Gestalten Sie bereits den Zugang als Fest: Ein Strauchbeet mit üppigen Rosen zwischen Terrasse und Laube verhindert den direkten Einblick. Führen Sie den Weg um dieses Beet herum und durch einen oder mehrere Rosenbögen. Auch ein romantisch verspielter, kleiner Teich mit einem über bemooste Steine rinnenden Wasserlauf im Blickfeld der Laube trägt zum Flair eines Märchenwaldes bei.

In manchen kleinen Gärten ist zu wenig Raum für eine Laube dieser Art. Hier bieten sich als Rückzugsort besonders ausgewählte, einzelne Sitzmöbel, wie eine englische Bank oder ein verspielter Stuhl aus Metall im Caféhaus-Stil an. Gelegentlich findet man auch bei Versendern oder im Gartenfachhandel Sitzplätze, die bereits in eine Mini-Laube integriert sind (Bankpavillons). Stellen Sie diese Bänke zwischen dichte Sträucher, oder errichten Sie eine Spalierwand, die mit Kletterpflanzen begrünt wird. Alles, was den Sitzplatz gegen die Umgebung abschirmt, ist geeignet, romantische Privatheit zu schaffen.

Die Bepflanzung

A und O der Bepflanzung sind die Rosen. Sie brauchen einen sonnigen, aber nicht heißen Standort (etwas Schatten darf während des Tages durchaus herrschen); sie sind auf tiefgründigen, lehmigen und nährstoffreichen Boden angewiesen. Gönnen Sie den Rosen einen optimalen Start: Lockern Sie den Boden ein halbes Jahr vor der Einpflanzung etwa 2 Spatenstiche tief auf und reichern ihn mit Kompost (ideal ist kompostierter Mist) an. Die Wahl der Sorten ist sicher Geschmackssache. Wählen Sie aber unbedingt solche mit gefüllten, duftenden Blüten (z. B. „alte" oder „englische" Rosen) – sie sind der Inbegriff der Romantik. Entscheiden Sie sich erst, wenn Sie die Rosenblüte gesehen und geschnuppert haben und nicht nach einem Katalogbild; lassen Sie sich in einem Gartencenter mit gutem Angebot beraten.

Weitere blühende Kletterpflanzen sind z. B. Waldreben (Clematis-Hybriden können zusammen mit Rosen auf demselben Spalier wachsen; Wildarten brauchen mehr Platz), Geißblatt (Lonicera) oder Glyzine (Wisteria). Blattreich und dicht wachsen Efeu (Hedera helix), Wein (Vitis), Wilder Wein (Parthenocissus), Pfeifenwinde (Aristolochia) oder Knöterich (Fallopia).

Für die Gestaltung des übrigen Gartens bieten sich die Pflanzen an, die in Gartencentern unter „Bauerngartenstauden" oder „Cottage Garden" laufen; eine Auswahl hübscher und pflegeleichter Sommerblumen (Calendula, Lobelia, Rudbeckia, Tagetes, Zinnia u. a. m.) sorgt für fröhliche Stimmung.

Es muss nicht unbedingt eine Laube sein, auch eine einzelne Holzbank unter überhängenden Sträuchern kann sehr verwunschen sein.

Historische Rosen wie hier an einem alten Holzzaun gehören ganz sicher zum Repertoire jedes romantischen Gartenbesitzers.

Aufwand und Pflege

Damit die Rosen in optimalem Zustand bleiben, werden Sie im Frühling mit einem Rosenvolldünger (organisch oder mineralisch; halten Sie sich an die Mengenangaben) versorgt. Zur Vorbeugung sollten Sie auch gegen Mehltau spritzen. Nach der Hauptblüte erfolgt eine zweite Düngung und Ende August/Anfang September eine dritte mit einem kalihaltigen Dünger. Als Winterschutz werden die Rosen mit Mulch aufgehäufelt und die Basis mit Fichtenreisig abgedeckt. Kletterrosen schützt man durch Stroh und Fichtenreisig, das locker an die Spalierstäbe gebunden wird. Rosen müssen regelmäßig auf Krankheiten hin untersucht (befallene Blätter abschneiden und einem Fachmann zur Begutachtung vorlegen) und beschnitten werden. Da für jeden Rosentyp andere Schnittregeln gelten, hier nur kurz das Wichtigste zu Kletterrosen: Schneiden Sie im Vorfrühling erfrorene Triebe zurück, bis die Schnittfläche innen weiß und außen grün aussieht. Binden Sie die langen, geraden, unverzweigten Triebe des Vorjahres in die Waagerechte, und schneiden Sie die verblühten Seitentriebe des Vorjahres auf 3–4 Augen zurück – so regen Sie die Bildung blühender Seitentriebe an.

Bei einer solch üppigen Ernte zeigt sich, wie gut man während des Jahres für seine Pflanzen gesorgt hat.

Zutaten für Topf und Tisch – Wellness-Garten für Küchen- und Kräuterfans

Geht Ihnen ein frisch zubereitetes Mahl über alles? Suchen Sie die Zutaten lange und sorgfältig aus, beschnuppern Sie Obst und Kräuter vor dem Kauf und freuen sich über freundliche Verkäufer/innen beim Biobauern, die Äpfel, Möhren usw. zum Probieren anbieten? Glauben Sie fest daran, dass Magengeschwüre vor Stress nur den treffen, der sich hektisch oder von Fast Food ernährt? Dann sind Sie bestens gerüstet, um einen Teil Ihres Gartens in eine absolut rückstandsfreie und immer frische Vorratskammer zu verwandeln, in einen Wellness-Garten für Küchen- und Kräuterfans.

Kohl, Salate, Sommerblumen – wer will hier die Grenze ziehen zwischen „Nutz-" und „Zier-"Pflanzen.

Was zeichnet den Garten für Küchen- und Kräuterliebhaber aus?

Zwischen normalen Blumen und Stauden wächst Gemüse, in Kräuterspiralen, Küchenbeeten oder kleinen Kräuterinseln gedeihen die unterschiedlichsten Kräuter und Gewürze, und an einem schattigen Plätzchen hängen für den Winter duftende Sträuße zum Trocknen. Es gibt praktisch keinen Garten, in dem sich nicht ein Plätzchen für zumindest die wichtigsten Kräuter fände – ohne Chemie!

Gestaltungsvorschläge

Wie stark sich ein Garten in Richtung Küchengarten verändert, liegt an den Ansprüchen, die der Besitzer stellt. An einem Ende des Spektrums stehen einige Töpfe mit Gewürzen und Heilpflanzen, die für die Küche geplündert werden; am anderen Ende ein kompletter Bauerngarten mit Abteilungen für Salate, Gemüse, Heil- und Küchenkräuter. In der Tat ist ein Garten für Küchen- und Kräuterfreaks der flexibelste der Wellness-Gärten, denn er passt sich den bestehenden Verhältnissen an und nicht umgekehrt.

Die einfachste Lösung – Kräuter in Schalen, Kübeln und Töpfen – bietet sich an, wenn man noch unsicher ist. Besorgen Sie sich Ihre Lieblingskräuter (einige Vorschläge finden Sie in Kapitel 3), und probieren Sie es aus. Übrigens sollten auch begeisterte Küchengärtner immer einige Kräuter im Topf heranziehen, um sich rechtzeitig einen Wintervorrat für das Küchenfenster anzulegen.

Alle weiteren Lösungen verlangen etwas größeren Aufwand. Mediterrane Kräuter sind nicht nur gesund und aromatisch, sie sehen auch als Begrenzung einer Terrasse oder eines Sitzplatzes sehr attraktiv aus. Da sie trockene Standorte auf mageren Böden brauchen, lassen sie sich auf diese Weise von anderen Kräutern mit abweichenden Ansprüchen trennen.

Kleine Beete (2–3 m^2) mit regelmäßiger Form (Quadrate, Rauten, Kreise und Ovale) wirken mit geometrischer Bepflanzung ornamental-streng: Setzen Sie als Begrenzung z. B. Petersilie, Schnittlauch oder Kerbel, ins Zentrum kommt eine hohe Pflanze wie Liebstöckel oder Pfefferminze, und füllen Sie die Beetfläche mit regelmäßig verteilten, mittelhohen Kräutern. Ein wie eine Rabatte mit unterschiedlich hohen Kräutern und einigen Sommerblumen bepflanztes Beet erzeugt einen fröhlicheren Eindruck.

Eine interessante Alternative für den Einsteiger bieten attraktive Gemüsepflanzen im Staudenbeet. Sie bilden mit farbigen Blättern und interessanten Blattstrukturen faszinierende und ungewöhnliche Blickpunkte.

Ungewöhnlich und attraktiv sind nach mittelalterlicher Art gestaltete Kräuterbeete, die in rechteckige Abteilungen (je 40 cm x 80 cm) gegliedert und durch schmale Mulch- bzw. Kieswege getrennt werden. In einer Abteilung wachsen zwei bis drei Kräuterarten oder Blumen. Grenzen Sie die Abteilungen durch einfache Holzrahmen, Ziegelsteine, Bohlen oder Flechtwerk (Weidenruten zwischen in den Boden geschlagenen Pflöcken) ab.

Während man früher Kräuterspiralen mit Durchmessern von 2–3 m anlegte, sind heute viel kleinere Formen üblich: Schichten Sie aus Natur- oder Ziegelsteinen eine etwa 80–100 cm breite Spirale auf; sie sollte in der Mitte etwa 40 cm hoch sein und der Abstand zwischen zwei Spiralarmen etwa 20–30 cm betragen. Der Untergrund der zentralen Spirale wird mit einer Erde-Kies-Mischung durchlässiger gemacht; ins Zentrum kommen mediterrane Kräuter, nach außen die mit höherem Wasser- und Nährstoffbedarf.

Regelrechte Nutzgärten – vom Gemüsebeet bis zum Bauerngarten – brauchen noch mehr Fläche. Man kann zwar Pflücksalate und hübsch gefärbtes Gemüse (z. B. farbigen Stielmangold) zu seinen Stauden ins Blumenbeet setzen, wer sich jedoch einiger-

Der attraktive Mangold macht auch zwischen bunten Sommerblumen wie Ziersalbei und Kosmeen eine gute Figur.

Tipp:
Nach der Lehre des Ayurveda muss jede Mahlzeit bittere, herbe, salzige, süße, scharfe und saure Besandteile enthalten.

Wellness-Angebote:
Aromabäder
Aromatherapie
Wellness-Food und -Drinks

Buchsgesäumte Mulchwege und eine Hochstammrose im Mittelbeet erinnern an klösterliche Kräutergärten.

maßen regelmäßig aus dem Garten versorgen möchte, sollte einen Nutzpflanzenbereich von mindestens 20 m² vorsehen. Der Größe des Nutzgartens ist keine Grenze gesetzt. Allerdings sollten Sie bedenken, dass pro Quadratmeter zusätzlicher Beetfläche mehrere Stunden Arbeit – verteilt auf das Gartenjahr – auf Sie zukommen. Während ein vernachlässigtes Staudenbeet „nur" verwildert aussieht, bietet ein ungepflegter Nutzgarten keinen schönen Anblick.

Die Bepflanzung

Wählen Sie aus dem Angebot in Kapitel 3, und stellen Sie sich nach und nach Ihre ganz persönliche Artenauswahl zusammen. In den meisten Gartencentern werden Samentütchen mit Kräutern, Salaten und Gemüse auf speziellen Ständern angeboten. Probieren Sie aus, was Ihnen interessant erscheint, und halten Sie an dem fest, was Ihnen lecker geschmeckt hat. In halbmageren Böden (Gartenerde mit ca. 1/5 Sand) wachsen optimal Basilikum, Bohnenkraut, Dill, Kerbel, Petersilie, Pfefferminze, Pimpinelle und Schnittlauch; in fetten Böden (nährstoffreiche Gartenböden): Borretsch, Estragon, Kapuzinerkresse und Liebstöckel. Zu den wichtigsten Nutzpflanzen, die im Blumenbeet für Aufsehen sorgen, zählen Mangold (mehrere Sorten mit farbigen Stielen), Salate mit farbigen und/oder gekräuselten Blättern (Pflücksalate), einzelne Kohlpflanzen (Grünkohl, Rotkohl, Wirsing) oder Feuerbohnen auf Stangen.

Aufwand und Pflege

Kräuterbeete werden regelmäßig gemulcht und im Frühling sparsam mit einem organischen Langzeitdünger versorgt; Gemüse und Salate gedeihen besser, wenn das Beet im Frühling mit Kompost und Steinmehl angereichert wird. Nach der Aussaat bzw. dem Einpflanzen müssen Sie die Beete unkrautfrei halten und auf Schädlinge achten. Verzichten Sie konsequent auf Kunstdünger und Spritzmittel, denn Sie wollen sicher möglichst schadstofffreie Produkte ernten. Ziehen Sie für genauere Angaben über Anbau und Pflege ein Buch über biologischen Gartenbau zu Rate.

Von Bachlauf bis Schwimmteich – Wellness-Garten für Wasserratten

Ein Bach, der sich über Steinkaskaden ergießt, und eine ruhige Wasserfläche – der Traum eines jeden Gartenteichliebhabers.

Lauschen Sie gerne dem murmelnden Rauschen eines Bachs, und denken Sie dabei mit geschlossenen Augen an ein friedliches Wiesental? Schwärmen Sie für die aktive Bewegung in einem Schwimmteich oder Pool? Ob Sie mehr der naturnahe Typ sind, der mit der Lupe zwischen den Rohrkolben nach Insekten sucht oder der kontemplative Typ, der seine Entspannung in der Betrachtung von Seerosenblättern findet – Sie brauchen einen Wassergarten!

Was zeichnet den Garten für Wasserratten aus?

Stehendes oder fließendes Wasser übt einen ganz besonderen Zauber aus: Es fasziniert uns mit Aussehen, Lichterspiel und Klang, daher gehört in jeden Wassergarten unbedingt ein Beobachtungsplatz, um den Anblick zu genießen. Um sich zu entspannen, reicht bereits eine kleine Wasserfläche aus, in deren Anblick man sich versenkt und z. B. darüber meditiert, warum Wasser sich ständig verändert und doch immer gleich bleibt. Die Größe des Gartens und die Ansprüche, die man stellt, bestimmen die Gestaltung der Wasserflächen

Warnung: Wassergärten stellen eine große Gefahr für kleine Kinder dar! Stellen Sie sicher, dass kein Kind jemals ins Wasser fallen kann.

Wellness-Angebote:

Aromabäder

Aromatherapie

Wellness-Food und -Drinks

Gestaltungsvorschläge

Wer Wasser braucht, um sich vollständig zu entspannen, muss zunächst entscheiden, wie viele Quadratmeter des Gartens er dauerhaft umgestalten möchte, denn Becken, Teiche oder Bachläufe wieder zu entfernen, ist mit sehr viel Aufwand verbunden.

Der gemauerte Rand des Teichbeckens ist sowohl zusätzlicher Sitzplatz wie Bühne für Dekorationsstücke.

Tipp:
Die beste Wellness-Therapie für Kinder ist Fröhlichkeit: Gönnen Sie Ihren Kindern ein Plantschbecken zum Aufblasen.

Dann stellt sich die Frage, ob das Wasser bewegt oder stehend sein soll. Bewegtes Wasser schmeichelt dem Hörsinn, wirkt beruhigend und dennoch abwechslungsreich, ruhige Wasserflächen sind variabler in der Größe und bieten mehr Raum für Pflanzen. Eine Sonderstellung nehmen Swimmingpools oder naturnahe Schwimmteiche ein. Sie benötigen relativ viel Platz und zusätzlich eine Liegefläche für die Badenden.

Wenn naturnah gestaltete Teiche optimal zur Geltung kommen sollen, brauchen sie eine Tief-, Mittel- und Flachwasserzone, möglichst auch einen Sumpfbereich – und damit eine Gesamtfläche von mindestens 10 m^2. Aus fertigen Elementen gebaute Teiche sind einfacher einzurichten, mit einem Folienteich haben Sie mehr Gestaltungsfreiheit (Beratung im Fachhandel). Wie beim Teichbecken kommt es auch hier darauf an, den Teich an einen Sitzplatz anzubinden. Nur dann stellt sich das wohlige Gefühl der inneren Ruhe beim Betrachten des Wassers ein. Ein Zulauf, der als kleiner Wasserfall in den Teich stürzt, reichert das Wasser mit Sauerstoff an.

Lebendige Wasserspiele bei minimalem Raumbedarf bieten kindersichere Sprudelsteine und -brunnen: Bauen Sie ein Pumpenset aus dem Fachhandel so ein, dass das Wasser zwischen den Steinen hochsprudelt und über die Steine rieselt. Etwas mehr Platz braucht ein kleiner Wasserlauf (ab 1–2 m Länge und mit Bepflanzung 50–60 cm Breite; Teichfolie als Untergrund; Pumpe): Nutzen Sie den Aushub von Sammelbecken und Lauf, um einen Hügel für das nötige Gefälle anzulegen. Natursteine neben und im Wasser sorgen für Abwechslung und zwingen das Wasser, sich gurgelnd seinen Weg zu suchen – mit Steinstufen können Sie sogar Mini-Wasserfälle gestalten.

Geometrische Wasserbecken in formalem Stil eignen sich bestens für kleine Gärten, weil sie in Umfang und Pflege überschaubar bleiben. Gestalten Sie Sitzplatz und Beckenrand mit denselben Steinen für einen harmonischen Übergang; Becken mit erhöhtem Rand können sogar als Sitzgelegenheit dienen. Platzieren Sie passende Kübel mit Duft- und Zierpflanzen in die Nähe der Sitze.

Die zu Kugeln beschnittenen Buchsbäume passen perfekt zum formalen Teich und dem Sitzplatz.

Während Swimmingpools nur die eigentliche Wasserfläche „verbrauchen", müssen Sie bei Schwimmteichen die Fläche verdoppeln: Neben der tiefen Zone für die Schwimmer benötigen Sie eine etwa gleich große Fläche für Röhrichtpflanzen, die das Wasser reinigen.

Eine Mauer trennt den Schwimmteich – Pool und Naturteich in einem – von dem bepflanzten Bereich ab.

Die Bepflanzung

Es würde zu weit führen, hier die Pflanzen aufzuführen, die für einen Wassergarten geeignet sind – es gibt einfach zu viele. Zum Glück werden sie in den Gartencentern stets in gesonderten Abteilungen angeboten, sodass sich auch ein Einsteiger rasch einen Überblick verschaffen kann. Bäche wirken lebendiger, wenn ein niedriger Bambus, ein Gras oder Farn seine Triebe über den Bach auf erstreckt. Bei formalen Teichen ist weniger mehr: Ein kleiner Rohrkolben (Typha) oder eine Binse (Juncus), dazu eine subtropische Seerose (kleine, nicht winterharte Nymphaea-Arten) reichen völlig aus. In naturnahen Teichen kommt es auf die gesunde Mischung von Unterwasser-, Schwimmblatt-, Flachwasser- und Uferrandpflanzen an (lassen Sie sich beraten). Grenzen Sie den Hintergrund einer Teichlandschaft stets durch etwas höhere Pflanzen ein.

Aufwand und Pflege

Wassergärten sind relativ pflegeaufwändig! Der Boden muss gereinigt, die Pumpen im Winter entnommen und gewartet werden, die wuchernden Pflanzen zurückgeschnitten und geteilt, der pH-Wert des Wassers bestimmt und ggf. auch eingestellt werden. Im Herbst muss das Falllaub entfernt und empfindliche Seerosen in den Keller gesetzt werden. Immerhin gibt es eine beruhigende Faustregel: Je größer und vielgestaltiger ein Naturteich ist, desto eher reguliert er sich selbst. Denken Sie daran, dass mit Fischen besetzte Teiche im Winter nicht zufrieren dürfen; der Fachhandel bietet spezielle Einsätze an, die dies verhindern. Formale Teiche, insbesondere kleinere, stabile Teichbecken aus Kunststoff, lassen sich wegen ihrer geringeren Tiefe viel leichter reinigen (kompletter Wasseraustausch ist möglich). Sie können sich die Arbeit noch mehr erleichtern, wenn Sie die Wasserpflanzen in Kübeln belassen und für Reinigungs- und Pflegearbeiten komplett aus dem Wasser nehmen.

Wellness-Angebote:

Akupressur
Aromabäder
Bachblüten
Bewusste Atmung
Farbtherapie
Massagen/Ölmassagen
Meditation
Yoga

Farben für die Seele – Wellness-Garten als Farbtherapie

Sind Sie ein Mensch, dessen Seele Sprünge macht beim Anblick eines sattgelben Sommerblumenbeetes oder einer leuchtend roten Mohnwiese? Inspiriert Sie die tiefblaue Farbe eines Rittersporns oder das dunkle Rot einer Malvenblüte? Haben Sie Kleidung, Tapeten, Gardinen und Möbel nach Stimmung ausgewählt? Dann gehören Sie zu den Gartenbesitzern, die unbedingt nach der Farbenlehre gestalten sollten.

Was zeichnet den Farbtherapie-Garten aus?

Je nach Stimmungslage – der vorherrschenden oder erwünschten – ziehen Sie sich in Gartenbereiche zurück, deren Farben Sie stimulieren, beruhigen, entspannen, in eine Traumwelt entführen oder wieder in die Realität holen usw.

Ein solcher Garten braucht also mehrere Sitzplätze mit jeweils anderer Farbstimmung oder zumindest doch eine gute Auswahl von Kübelpflanzen mit verschiedenen Blütenfarben (lesen Sie auch den Abschnitt über Duftgärten).

Gestaltungsvorschläge

Für die Planung der Beete bzw. Kübel ist eine persönliche Farb-Stimmungstabelle enorm hilfreich: Was ist Ihre Lieblingsfarbe, und welche Gefühle verbinden Sie damit? Zumindest in einem Beet sollte diese Farbe dominieren und durch Ton-in-Ton-Begleiter unterstrichen werden. Gibt es andererseits Farben, die Sie wütend und aggressiv machen? Dann lassen Sie diese besser weg oder pflanzen sie nur vereinzelt z. B. nur in einigen Kübeln. An welche Farbe denken Sie bei Tagträumen? Gibt es Farben, bei denen Sie sich besonders gut konzentrieren oder entspannen können usw.? Lassen Sie sich ganz von Ihren Gefühlen leiten, und stellen Sie eine Liste von Farben für jede Stimmung zusammen.

> Wenn es die Größe Ihres Gartens erlaubt, sollten Sie einige Quadratmeter für ein Schnittblumenbeet vorsehen, um Farben und Stimmung des Gartens in die Wohnung zu tragen.

Gliedern Sie Ihren Garten durch Strauchgruppen und/oder Hecken in separate Räume. Es ist nicht erforderlich, die Sträucher so eng zu pflanzen, dass blickdichte Zellen entstehen. Allerdings sollte sich ein gewisses Gefühl der Isolation und Ruhe einstellen, wenn Sie zwischen den Sträuchern sitzen. In diesen „Räumen" legen Sie Beete vor und um die Sträucher an, in denen jeweils eine Ihrer Stimmungs-Farben vorherrscht. Je nach Gemütslage setzen Sie Ihren Sessel nun zwischen die Blumen; betrachten Sie die Farben, konzentrieren Sie sich auf einzelne Blüten oder mit halb geschlossenen Augen auf Farbflächen – vielleicht versuchen Sie es auch mit einer einfachen Meditation. Weniger Platz brauchen folgende Lösungen: Pflanzen Sie vor eine bestehende Hecke mehrere Einzelsträucher, sodass Buchten für Ihren Sitz entstehen; gestalten Sie ein größeres Staudenbeet mit mehreren Farbflächen, und rücken Sie Ihren Sitz je nach Stimmung vor einen dieser Bereiche.

Sommerliche Lebensfreude und positive Energie, vermittelt über nuancenreiche Gelb-, Orange- und Racttöne.

Die Bepflanzung

Das einzige Kriterium für die Bepflanzung ist die Farbe der Blüten oder Blätter. Achten Sie bei der Auswahl auf etwa gleiche Wuchshöhe und Blütezeit der Pflanzen, damit Sie zu jeder Zeit des Gartenjahres über Ihre Farbstimmung verfügen können.

Rote Blüten und Blätter sind auch aus der Ferne noch zu sehen; sie wirken gewöhnlich lebhaft bis aufregend, warm bis fast aggressiv.

Gelb bis Orange sind sonnig, warm, positiv fröhlich und lebensbejahend und noch aus mehreren Metern Entfernung wirksam; als Farbfleck in einer blau-violetten Umgebung sorgen sie für einen aufmunternden Kontrast.

Blaue bis blau-violette Töne kommen erst in der Nähe des Betrachters zur Geltung; während sie manchen Menschen düster erscheinen, schwärmen andere von ihrer beruhigenden, besänftigenden und die Konzentration steigernden Wirkung.

Das immer vorhandene Grün unterstreicht mit seinen besänftigenden, harmonisierenden Tönen eine ausgeglichene und entspannte Grundstimmung – eines der Stimmungsbeete braucht daher vorwiegend grüne Töne (z. B. Farne, Frauenmantel, Funkien und Zwergbambus).

Grundsätzlich verlieren Pastelltöne bei greller Sonne und aus der Entfernung an Wirkung, während reine Farben in der Sonne an Leuchtkraft gewinnen.

Auch viele Heilkräuter fügen sich gut in Farbthemen ein: Thymian und Lavendel harmonieren zur Blütezeit in Tönen zwischen Blau und Rot; wählen Sie aus dem breiten Angebot der Sorten weitere Farbnuancen aus. Die fein zerschlitzten, grünen Fenchelblätter bilden mit roten Sonnenblumen, Rudbeckien oder Sonnenhut kontrastreiche Gruppen. Ringelblumen können wie „normale" Sommerblumen in rotgelbe Farbthemen eingebunden werden usw.

Tipp:
Farbtherapeuten bieten typgerechte Farböle für die Aura-Soma-Therapie an (nach Vicky Wall), um Körper und Seele ins Gleichgewicht zu setzen.

Abstufungen von reinem Weiß über Zartrosa bis zu Rotviolett wirken wie in diesem Staudenbeet beruhigend und besänftigend.

Stahlblau und Rot – hier Kugeldistel (Echinops) und Indianernessel (Monarda) – bilden einen spannenden Farbkontrast.

Aufwand und Pflege

Die Arbeitsbelastung eines Farbgartens entspricht jener eines ganz „normalen" Gartens. Der Boden muss im Frühling gelockert und gemulcht werden; er braucht organischen Langzeitdünger. Schneiden Sie Verblühtes regelmäßig ab, denn viele Blumen treiben dann einen zweiten Flor. Machen Sie sich – zumindest im Anfangsstadium der Planung – genaue Aufzeichnungen (Tabellen, Farbmarkierungen in einem Kalender), welche Ihrer Blumen oder Stauden wann und wie lange blühen. Diese Informationen dienen später als Basis für die Zusammenstellung perfekter Farbkombinationen.

Tipp:
Erkundigen Sie sich bei örtlichen Naturschutzvereinen nach geeigneten Gehölzen für Ihre Region; dort gibt es oft auch Informationen zum Bau von Nistkästen.

Wellness-Angebote:
Aerobic
Stretching
Workouts
Aromatherapie
Lachtherapie
Massagen/Ölmassagen

Der Bärlauch fügt sich zwanglos zwischen Wurmfarn, Storchschnabel und Waldmeister ein.

Wilde Ecken, dichte Hecken – Wellness-Garten für Naturfreaks

Greifen Sie beim ersten Anblick einiger Blattläuse nicht sofort zur Giftspritze sondern zur Lupe? Gehören Sie zu den Menschen, die jeden verirrten Igel oder jedes verletzte Vögelchen ins Herz schließen und den Begriff „Unkraut" aus Prinzip ablehnen? Würden Sie am liebsten jedem Kräutlein und Tierchen in Ihrem Garten einen sicheren Platz einräumen? Können Sie wunderbar damit leben, dass im Garten nicht alles gut strukturiert und geordnet ist? Dann sind Sie die Idealbesetzung für einen Naturgarten.

Was zeichnet den Garten für Naturfreaks aus?

So einleuchtend es theoretisch auch klingen mag, den Garten sich selbst zu überlassen, die Praxis lässt nur eine kontrollierte Wildheit zu, sonst entstünde innerhalb von zwei Jahren ein Chaos von zweifelhafter Schönheit. Ein guter und entspannender Naturgarten stellt daher einen Kompromiss zwischen gepflegten, „künstlichen" Gartenbereichen und „wilden" Zonen dar. Nistkästen und Holzstapel, dichte Vogelhecken, Beete mit Schmetterlingspflanzen und eine Fläche, auf der sich Wildkräuter ausbreiten dürfen, bieten Tieren und Pflanzen genügend Lebensraum.

Gestaltungsvorschläge

Wer seinen Garten „auf Natur" umstellen möchte, sollte nicht dem Fehlschluss unterliegen, ein paar Quadratmeter mitten in einem Garten – sauber umgrenzt von einem gemähten Rasen – würden schon reichen. Um Tieren und Pflanzen einen Lebensraum zu bieten und Ihrer eigenen Lust an der Beobachtung zu genügen, brauchen Sie eine Fläche von etwa 50 m^2. Pflanzen Sie heimische Sträucher oder kleine Bäume als Heckengehölze (z. B. Hundsrose (Rosa canina), Hasel (Corylus avellana), Weißdorn (Crataegus), Schlehe (Prunus spinosa), Holunder (Sambucus nigra), Vogelbeere (Sorbus aucuparia). Kleinere Einzelsträucher bilden den Übergang zum Garten. Als Unterwuchs eignen sich naturnahe Pflanzen wie z. B. Farne, Bärlauch (Allium ursinum), Nieswurz (Helleborus), Schneeglöckchen (Galanthus nivalis) und Salomonssiegel (Polygonatum).

Legen Sie zwischen den äußeren Sträuchern einen Holzstapel aus unterschiedlich dicken Stämmen (anbohren mit 1–10 mm starken Löchern) und losen Zweigen an – hier finden zahlreiche Tiere Unterschlupf. Überlassen Sie den Stapel und seine nähere Umgebung sich selbst; er darf im Laufe der Jahre ruhig verrotten (alle zwei bis drei Jahre neue Stämme aufschichten).

Pflanzen Sie am Rande Ihres Wildgartens einen Schmetterlingsstrauch (Buddleja), und umgeben Sie ihn mit Katzenminze, Ringelblumen, Salbei, Sonnenhut, Ysop, Zinnien und anderen Sommerblumen. Sie werden überrascht sein, wie viele Schmetterlinge und andere Insekten sich einstellen. Im Herbst sorgen Herbstastern (Aster) und Fetthennen (Sedum) für Insektennahrung.

Damit ein solcher Naturgarten auch wirklich zum Stressabbau beiträgt, sollten Sie an „strategischen" Stellen Sitz- und Beobachtungsplätze anlegen: z. B. eine kleine, von Efeu oder Wildem Wein überwucherte Laube zwischen den Sträuchern oder eine Bank vor dem Insektenbeet. Gönnen Sie sich die Muße, den Tieren zuzusehen – oder bewundern Sie „nur" die Pflanzen.

Aufwand und Pflege

Naturnahe Gärten sind nicht pflegeleicht. Vor allem eine wilde Wiese muss regelmäßig kontrolliert werden, ob die Graspflanzen die Überhand gewinnen. Säen Sie daher die Wildblumen jährlich neu aus – und keinesfalls düngen, sonst sind die Blumen gegen das Gras chancenlos. Das Insektenbeet wird im Herbst gemulcht und im Frühling gelockert; dabei arbeiten Sie Kompost und einen organischen Langzeitdünger in den Boden ein und decken alles mit einer dünnen Mulchschicht zu. Der Schmetterlingsstrauch wird im Frühling stark zurückgeschnitten, bei Hasel und Holunder die jeweils ältesten Stämme am Grund abgeschnitten. Lassen Sie das Laub der Sträucher liegen, und verteilen Sie Humus und Mulch dazwischen.

Im Frühling ist ein Naturgarten auch ohne „echte" Wildblumen wie hier mit Narzissen besonders schön.

Düfte wecken unsere Erinnerungen und können Stimmungen erzeugen oder verstärken.

Durch die Nase ins Gemüt – Wellness-Garten für Schnuppernasen

Wenn Marcel Proust ein Gebäckstück in Tee tunkte, sah er klar und deutlich Haus und Stadt seiner Jugend vor sich. Geht es Ihnen ähnlich? Lieben Sie den betörenden Duft von frisch erblühtem Jasmin oder die wohltuenden Dämpfe eines Kräuterbades? Streichen Sie beim Gang durch den Garten automatisch mit der Hand über die Blätter, um den Wohlgeruch der ätherischen Öle intensiver wahrnehmen zu können, und erkennen Sie ein leckeres Gericht zuerst am Geruch? Dann brauchen Sie einen Wellness-Garten, der Ihrer Nase schmeichelt.

Viele Lilien wie hier die Sorte 'Star Gazer' zeichnen sich durch besonders feine Duftnoten aus.

Probieren Sie aus, welche Stimmung ein Duft bei Ihnen auslöst, und komponieren Sie Arrangements, die ein höchstmögliches Maß an Entspannung bzw. Anregung bieten.

Was zeichnet den Garten für Schnuppernasen aus?

Da man Wohlgerüche am intensivsten bei Windstille genießen kann, braucht jeder Duftgarten einen geschützten Sitzplatz. Das kann eine begrünte Laube, eine Bank im Windschatten von Sträuchern oder ein bequemer Stuhl mitten zwischen den Kräutern sein. Die duftenden Kräuter und Blumen sollten in Griffweite stehen, damit man sie berühren, pflücken und den Duft „von der Hand in die Nase" genießen kann. Pflanzen Sie ausreichende Mengen Ihrer Lieblingsduft-Pflanzen, und tragen Sie den Duft in Trockensträußen, Duftschalen, -säckchen und Bädern in die Wohnung.

Gestaltungsvorschläge

Es ist kein Zufall, dass wir manche Menschen „nicht riechen" können – der Geruchssinn beeinflusst unser Empfinden überaus stark. Daher sollten Sie sich bei der Auswahl der Pflanzen vorrangig von der Nase und weniger vom Auge leiten lassen.

Bei der Gestaltung eines Duftgartens kommt es einerseits darauf an, den Pflanzen einen optimalen Standort einzuräumen, andererseits aber auch, den Sitzplatz so zu wählen, dass man nicht von zu vielen Aromen überflutet wird. Wenn Sie beispielsweise eine hübsche Laube einrichten und sie mit Kletter-

Der schwere, süße Duft der Hyazinthen ist für manche Menschen fast zu intensiv.

rosen bepflanzen, dann sollte es dort zur Blütezeit möglichst nur nach Rosen riechen – oder nach einer wirkungsvollen Komposition wie Rose/Lavendel oder Rose/Pfefferminze. Für die Zeit davor und danach sorgen Kübelpflanzen für den entsprechenden Effekt. Ohnehin sind möglichst viele Kübelpflanzen mit wohl riechenden Kräutern oder Blumen unverzichtbar für einen Duftgarten, denn sie lassen sich auch auf der Terrasse oder in einem Wintergarten ganz nach jeweiliger Stimmung arrangieren.

Ideal für einen Duftgarten ist ein versenkter Sitzplatz: Zeichnen Sie einen Kreis von der Größe des gewünschten Sitzplatzes auf den Boden (1 m Durchmesser reicht für einen einzelnen Stuhl, 2 m für eine Liege). Heben Sie diese Fläche etwa 30–40 cm tief mit abgeschrägter Umrandung aus. Im Süden bleibt der Rand senkrecht (mit Palisaden, Bohlen oder Steinen befestigen); legen Sie hier die Stufen für den Zugang an. Formen Sie mit dem Aushub oberhalb der schrägen Umrandung ein nach Süden

Die Wahl des „richtigen" Duftes ist noch schwieriger als die Wahl einer Blütenfarbe – Pflanzenkataloge und Bücher helfen hier nicht, nur die eigene, ganz subjektive Erfahrung. Lassen Sie sich in anderen Gärten oder Gartencentern auf die Knie nieder, und erschnuppern Sie den Wert einer Pflanze für Ihren Garten.

offenes „Amphitheater". Die duftenden Kräuter und Blumen werden zwischen flache Natursteine auf den Hang gepflanzt. Dank der Schräge und den Wärme speichernden Steinen entsteht ein perfektes Mikroklima für die Pflanzen – und Sie atmen windgeschützt die Essenz ihrer Düfte ein.

Selbstverständlich können Sie auch in einem Stauden- oder Gewürzbeet einige Duftpflanzen verteilen und sich je nach Bedarf dort bedienen: achten Sie darauf, dass die Pflanzen in Griffweite sind.

Die Bepflanzung

Fast alle in Kapitel 3 vorgestellten Heil- und Küchenkräuter eignen sich auch für Duftgärten. Ordnen Sie die mediterranen Arten gegenüber dem Zugang des versenkten Sitzplatzes an – hier bekommen sie die meiste Sonne, weil der Hang direkt nach Süden ausgerichtet ist. Auch Kübelpflanzen brauchen einen sonnigen Standort.

Weitere Duftpflanzen für Ihren Schnupperrasen-Garten wären (kleine Auswahl): Goldlack (Blüten; Cheiranthus cheiri), Maiglöckchen (Blüten; Convallaria majalis), Nelken (Blüten; Dianthus), Mädesüß (Blüten; Filipendula ulmaria), Hyazinthen (Blüten; Hyacinthus), Wacholder (Juniperus communis), Levkojen (Blüten; Matthiola incana), Indianernessel (Monarda didyma), Myrte (Myrtus communis), Narzissen (Blüten; Narcissus), Duft-Pelargonie (Pelargonium graveolens), Rosen (Blüten; Rosa), Muskatellersalbei (Salvia sclarea), Veilchen (Blüten; Viola).

Aufwand und Pflege

Ein Duftgarten braucht nicht mehr Pflege als ein normaler Garten. Achten Sie bei Duftbeeten auf Unkräuter, denn viele Duftpflanzen sind dem Konkurrenzdruck heimischer Wildkräuter nicht gewachsen.

Duftpflanzen im Kübel sollten so lange wie möglich in der Sonne stehen dürfen, weil sich dann ihre Inhaltsstoffe besser entwickeln – das gilt besonders für Pflanzen mit ätherischen Ölen in den Blättern. Stellen Sie die Kübel erst dann an einen schattigen Sitzplatz, wenn Sie den Duft genießen wollen.

Die meiste Arbeit dürfte die Aufbereitung der Duftpflanzen für die Wohnung – Trockensträuße, Schalen mit Blüten, Duftkissen usw. – machen (siehe Kapitel 4). Ernten Sie Ihre Duftpflanzen am späten Vormittag; dann hat sich der Tau verflüchtigt, und die Oberfläche der Blätter bzw. Blüten ist trocken.

Tipp:
Auch Duftpflanzen, die an sonnigen Standorten gedeihen, können halbschattige bis schattige Sitzplätze bereichern: Sie wachsen im Kübel und werden nur kurzfristig aus der Sonne an ihren Standort gestellt.

DIE BESTEN KRÄUTER FÜR GESUNDHEIT UND WELLNESS

Die folgenden Kräuter und Sträucher stellen nur eine Auswahl aus dem breiten Spektrum der erhältlichen Heilpflanzen dar. Es handelt sich um relativ pflegeleichte ein- und mehrjährige Pflanzen, die bis auf wenige Ausnahmen auch im Staudenbeet eine gute Figur machen. Für welche und wie viele der Pflanzen Sie sich entscheiden, ob Sie spezielle Kräuterbeete anlegen oder sich nur an den Einzelpflanzen erfreuen wollen, bleibt ganz Ihnen überlassen. Praktische Anleitungen zur Konservierung, Tee- und Salbenzubereitung sowie zu anderen Formen der Aufbereitung dieser Heilkräuter finden Sie in Kapitel 4.

Die Abbildungen zeigen nicht immer die eigentliche Heil- oder Gewürzpflanze, sondern auch medizinisch unwirksame Sorten und verwandte Arten. Denn neben dem Nützlichen sollte auch der ästhetische Aspekt einer Pflanzenauswahl immer berücksichtigt werden.

FRAUENMANTEL (Alchemilla) Das „Frauenkräutlein"

Homöopathische Präparate

Pflanzencharakter

Der Gewöhnliche (A. xanthochlora, früher A. vulgaris) und der Weiche Frauenmantel (A. mollis) sind robuste, pflegeleichte Stauden, die auf allen – außer sandigen – Böden mit gutem Nährstoffangebot wachsen. Der Frauenmantel wächst horstartig kompakt, neigt allerdings dazu, sich über Samen selbst auszubreiten. Der Gewöhnliche Frauenmantel ist die eigentliche Heilpflanze, der Weiche hat reicheren Blütenschmuck und ist daher die gestalterisch attraktivere Staude.

Pflanzen und Pflegen

Die Stauden werden gewöhnlich als Containerpflanze angeboten. Der Boden braucht nicht besonders vorbereitet zu werden, leichte Lockerung genügt. Achten Sie bei der Standortwahl darauf, dass sich der Frauenmantel frei ausbreiten kann – er wächst sehr stark und kann schwächere Nachbarpflanzen erdrücken. Frauenmantel muss umso mehr gegossen werden, je trockener und sonniger sein Standort ist – gelegentliche Vergesslichkeit nimmt er aber kaum übel. Das Laub wird erst vor dem Austrieb (etwa im März) abgeschnitten. Im Frühling wird die Staude mit organischem Langzeitdünger versorgt und nach der Blüte kräftig zurückgeschnitten. Frauenmantel sät sich selbst aus, kann aber auch problemlos über die Teilung der Wurzel vermehrt werden.

Hier wächst der Frauenmantel in Begleitung von Funkien im Halbschatten unter einer Robinie.

Frauenmantel

Kurzinfo:
Höhe/Breite: 30–50 cm/ 60–80 cm
Blütezeit: Juni–August
Blütenfarbe: grüngelb
Standortbedingungen: nährstoffreicher, frischer bis feuchter Boden, ideal sind Lehmböden; sonnig bis halbschattig

Gestalten mit Frauenmantel

Das satte Grün des üppigen Blattpolsters dient außerhalb der Blütezeit als wichtiger Schmuck. Da Frauenmantel auch im Halbschatten wächst, bilden seine Blätter eine schöne und ungewöhnliche Ergänzung in lichten Farnbeeten, insbesondere neben Farnen mit filigranen, aufrechten Wedeln. Er kann auch unter Sträucher gepflanzt werden, die dazu neigen, unten zu verkahlen (z. B. Rosen). Obwohl die Einzelblüten nur 5–6 mm breit sind, bilden sie in ihrer Gesamtheit einen wunderschönen, schaumigen Blütenstand, der über den Blättern zu schweben scheint. Der hohe Grünanteil der Blüten macht vor allem den Weichen Frauenmantel zu einer wundervollen Begleitstaude für gelbe bis gelb-rote Farbgestaltungen; kontrastreich wirkt er zu blauen Blüten wie Salbei (Salvia nemorosa), Glockenblumen (Campanula), Rittersporn (Delphinium) oder Himmelsleiter (Polemonium).

Frauenmantel für Gesundheit und Wellness

Der Name ist Programm: Tee aus den Blättern des Frauenmantels – die Blätter erinnern an die Umhängemäntel des Mittelalters – wird seit alters bei allen Arten von Frauenleiden (Menstruations- und Unterleibsbeschwerden) empfohlen (2 Teelöffel getrocknete Blätter; frische Blätter mit kaltem Wasser übergießen und nach mehreren Stunden kurz aufkochen). Zwei bis drei Tassen am Tag helfen gegen leichten Durchfall (auch bei Männern!) und bei Störungen in den Wechseljahren. Zur Straffung der Brust wird ein Tuch mit einem stärker zubereiteten Tee getränkt und täglich etwa 15 Minuten auf die Brüste gelegt.

Ernten und Konservieren

Verwendet werden nur die Blätter (ohne Stiele) des Gewöhnlichen Frauenmantels, entweder vor oder während der Blütezeit. Sie werden am Spätvormittag abgeschnitten, wenn die Sonne den Tau abgetrocknet hat. Bewahren Sie die Blätter in einem licht- und wasserdichten Behälter auf.

BÄRLAUCH (Allium ursinum)

„Iss Porree im Frühling und Bärlauch im Mai, dann haben die Ärzte im nächsten Jahr frei."
(Englisches Sprichwort)
Homöopathische Präparate

Pflanzencharakter

Die Zwiebel des Bärlauchs ist nur als schmal-kegelförmige Verdickung am unteren Ende der Stängel zu sehen. Die Pflanze bildet je Zwiebel zwei bis drei hellgrüne Blätter mit längs verlaufenden Blattadern und einen kugeligen Blütenstand mit etwa 20 reinweißen Blüten aus. Besonderes Kennzeichen des Bärlauchs ist sein starker Knoblauchduft, der im Frühling über dem Bestand schwebt. Als typische Pflanze des Waldes braucht er humusreichen, nicht zu trockenen Boden im Halbschatten bis lichten Schatten; ideal ist ein Standort unter Laub abwerfenden Bäumen (Herbstlaub liegen lassen).

Pflanzen und Pflegen

Bärlauch wird im Frühling direkt am geeigneten Standort ausgesät. Dort samt er sich selbst aus und kann auch größere Flächen besiedeln. Daher warten risikobereite Gärtner ab, ob die Pflanze im nächsten Frühling wieder erscheint. Vorsichtige Gärtner säen zumindest in den ersten Jahren stets neu aus.

Pflegemaßnahmen sind nicht erforderlich, solange genügend Laub auf den Boden fällt, das sich in Humus verwandelt.

Gestalten mit Bärlauch

Bärlauch kommt nur in einer annähernd natürlichen Umgebung zur Geltung und braucht einen gewissen Raum (mindestens 1–2 m^2), um sich zu entfalten. Eine Gruppe aus locker stehenden Großsträuchern, ein Baum im Hintergrund oder gar ein Waldbeet in einem naturnahen Garten sind perfekt – Bärlauch ist kein „Star für das Rampenlicht" im Vordergrund. Da der Knoblauch dieselben Wirkstoffe enthält (verschiedene organische Schwefelverbindungen, die sich in Lauchöl umwandeln), bietet er sich in kleinen Gärten als akzeptable, wenn auch weniger attraktive Ersatzlösung an.

Bärlauch für Gesundheit und Wellness

Die Inhaltsstoffe von Knoblauch und Bärlauch üben eine äußerst segensreiche Wirkung auf das Blut aus: Sie senken die Blutfettwerte, verflüssigen das Blut, können sogar kleine Gerinsel auflösen und den Blutdruck senken – Bärlauch und Knoblauch fördern somit die Gesundheit. Neben diesen medizinisch nachgewiesenen Wirkungen nutzte man beide früher auch bei Magen- und Darmproblemen. Natürlich könnte man sich aus der fast unüberschaubaren Vielfalt an Knoblauchpillen und -präparaten bedienen, aber der Bärlauch aus dem eigenen Garten macht einfach mehr Spaß. Die optimale Wirkung erzielen Sie mit frisch gepflückten und gehackten Blättern, die Suppen, Salate und Quark- bzw. Frischkäse würzen (auch zusammen mit Schnittlauch).

Bärlauch kommt am wirkungsvollsten in natürlicher Umgebung wie z. B. in Kombination mit Waldmeister und Farn zur Geltung.

Bärlauchsuppe

Etwa 150 g Bärlauch (bzw. eine Knoblauchknolle) zusammen mit 1 Zwiebel in Olivenöl kurz dünsten; dann etwa 250 g mehlig kochende, gewürfelte Kartoffeln dazu geben und mit Hühnerbrühe ablöschen. Bei kleiner Hitze so lange köcheln lassen, bis die Kartoffeln weich sind (15–20 Minuten). Mit einem Pürierstab oder im Mixer pürieren und mit Sahne und frisch gemahlenem, weißen Pfeffer abschmecken. Als Dekoration auf dem Teller bieten sich frisch gehackte Bärlauchblätter, kurz in Butter geschwenkte Mandelscheiben oder Croutons an.

Ernten und Konservieren

Bärlauch wird frisch verwendet, seine große Zeit fällt daher in die Monate April und Mai (vor der Blüte). Pflücken Sie unmittelbar vor der Zubereitung so viele Blätter, wie Sie benötigen.

Länger haltbar ist ein Bärlauch-Pesto

Zerkleinern Sie frische Blätter von Bärlauch und Basilikum (ohne Stiele) grob mit dem Messer, und pürieren Sie im Mixer daraus mit Olivenöl (in Strahl zugeben) eine zähe Masse; noch besser schmeckt das Ganze, wenn Sie Pinienkerne (etwa 50 g auf 200 g Kräuter) beifügen. Gewürzt wird mit Meersalz. Der Pesto kann eingefroren oder, überschichtet mit Olivenöl, einige Wochen im Kühlschrank aufbewahrt werden. Für Pastagerichte mischt man den Pesto kurz vor dem Servieren nach Belieben mit Parmesan oder Pecorino.

Bärlauch
Kurzinfo:
Höhe/Breite: 20–25 cm
(Blütenstand bis 50 cm)/15–25 cm
Blütezeit: April–Mai
Blütenfarbe: weiß
Standortbedingungen:
humoser, feuchter Boden;
Halbschatten

DILL (Anethum graveolens)

„Ich habe Senf und Dille; Mann, wenn ich rede, schweigst du stille."
(Heiratsspruch der Braut im Oderbruch)
Homöopathische Präparate
Heilkraut der Hildegard von Bingen

Pflanzencharakter

Der Dill ist eine einjährige Pflanze mit stark zerschlitzten, grünen Blättern und winzigen, gelben Blüten, die in Dolden stehen. Der charakteristische, aromatische Duft ist auch im Garten gut wahrnehmbar. Dill liebt warme, sonnige Plätze.

Pflanzen und Pflegen

Da Dill vorwiegend als frisches Kraut verwendet wird, sollte er in Staffeln gesät werden, wobei jeweils zwei ausgewachsene Exemplare ausreichen, um eine Familie zu versorgen. Dillsamen wird ab April direkt ins Beet gesät (Folgesaaten jeweils 3–4 Wochen später). Zu dicht stehende Pflanzen werden vereinzelt. Dill wächst nicht gerne mehrere Jahre am selben Ort; jährlicher Standortwechsel innerhalb des Beetes ist daher empfehlenswert. Im normalen Gartenboden braucht Dill keine besondere Pflege. Wer nur wenig Platz hat, kann Dill problemlos auch in einem größeren Blumentopf ziehen (Durchmesser etwa 30 cm).

Gestalten mit Dill

Die beinahe fadendünnen Blätter des Dills machen ihn zu einer wertvollen Blattschmuckstaude. Das aus der Ferne zu einem grünen Schleier verschmelzende Blattgrün passt harmonisch zu Gelb – insbesondere zur Blütezeit des Dills. Auch mit Blau lassen sich hübsche Farbharmonien erzeugen, während Rot sehr

Dill wirkt krampflösend. Seine Blütenstände sind ebenso attraktiv wie seine Blätter.

kontrastreich wirkt. Auf keinen Fall sollte die Zartheit des Blattwerks durch allzu kräftige, große Blätter konterkariert werden. Wunderbare Partner sind Schafgarben (Achillea), Glockenblumen (Campanula), Rittersporn (Delphinium; vor dem Dill), niedriger Phlox (Phlox) oder Pflanzen mit silbrigen Blättern; dazu so gut wie alle Gewürzpflanzen. Eine oder zwei der blühenden Dolden sehen herrlich in Blumensträußen aus.

Dill für Gesundheit und Wellness

Das frische Kraut würzt Salate und Gemüse, gibt vielen Saucen (Fischsaucen) ein charakteristisches Aroma, sogar Fleisch kann man mit Dill würzen. Dill

Dill

Tipp:

Schnecken mögen keinen Dill, daher ist er gut für Mischkulturen geeignet.

Warnung:

Reines Dillöl darf nur in sehr kleinen Mengen (3–4 Tropfen pro Tag) eingenommen werden – Schwangere sollten ganz darauf verzichten.

mit etwas Pfeffer, Salz und Zitrone gibt Kräuterbutter, Mayonnaise oder saurer Sahne (für Rohkostsalate) einen besonderen Akzent. Als nahezu klassisch gilt die Verbindung von Gurken (frisch oder in Kräuteressig eingelegt) mit Dillblättern. Daneben regt Dill Appetit und Verdauung an, ist krampflösend und hemmt bzw. löst Blähungen (Gewürz für Kohl). Für einen Tee mit denselben Wirkungen nehmen Sie besser Dillsamen (1 Teelöffel). Dillöl (Apotheke oder Drogerie), das in einer Duftlampe verdunstet wird – etwa zusammen mit Lavendel- und Melissenöl – beruhigt bei Anspannung und Stress.

Ernten und Konservieren

Dillblätter werden während der gesamten Vegetationsperiode geerntet und frisch verwendet. Man kann das Kraut auch in kleinen Portionen einfrieren. Getrockneter Dill verliert viel von seiner Würzkraft und ist nur ein Notbehelf für den Winter. Eine weitere Möglichkeit, das Aroma zu verwerten, ist Dillessig. Dillsamen wird geerntet, sobald er an der Dolde dunkel wird: Schneiden Sie die gesamte Dolde ab, und hängen Sie sie über einer offenen Papiertüte luftig auf. Die reifen Samen fallen dann in die Tüte (Samen für Dilltee bekommen Sie auch im Fachhandel).

Die attraktiven und essbaren Borretschblüten verzieren Salate und kalte Platten.

Borretsch
Kurzinfo:
Höhe/Breite: 80 cm/ 40–50 cm
Blütezeit: Mai–September
Blütenfarbe: blau
Standortbedingungen: nährstoffreiche, feuchte, aber durchlässige Erde; Sonne bis Halbschatten

BORRETSCH (Borago officinalis)

„Ein aus den Blüten des Borretsch hergestellter Sirup ist gut für das Herz, befreit von Melancholie und beruhigt rasende und unzurechnungsfähige Personen." (John Gerard, 1597)

Heilkraut der Hildegard von Bingen

Pflanzencharakter

Rau behaarte, reich verzweigte einjährige Pflanze mit dicken, möhrenartigen, aber verzweigten Wurzeln. Reiche Blütenpracht in lockeren Blütenständen; Einzelblüten meist strahlend himmelblau, seltener weißlich bis rosa. Borretsch oder Gurkenkraut ist sehr wüchsig und kann empfindliche Nachbarn überwuchern, ist dafür aber recht anspruchslos.

> ***Tipp:***
> *Frieren Sie jeweils eine Blüte in einen Eiswürfel ein, und kühlen Sie damit eine leichte sommerliche Bowle.*

Pflanzen und Pflegen

Borretsch wird ab April an Ort und Stelle gesät; Folgesaaten sind bis Juni möglich. Die Samen müssen vollständig mit Erde bedeckt sein (fest andrücken und gut wässern). Warten Sie ab, bis die Samen auflaufen, und dünnen Sie den Bestand aus (wegen der großen Wurzel kann Borretsch nicht umgepflanzt werden). Sofern die Pflanzen locker stehen, ist bis auf regelmäßiges Gießen keine weitere Pflege erforderlich; feuchte und zu dicht stehende Pflanzen neigen zu Mehltau.

Gestalten mit Borretsch

Die strahlend blauen Blüten sind attraktive Blickpunkte, kommen allerdings aus größerer Entfernung kaum zur Geltung. Im Kräuterbeet bilden sie einen attraktiven Hintergrund (hübsch an Zäunen), sollten aber gut zugänglich sein, da nur nach Bedarf geerntet wird. Für das Staudenbeet ist Borretsch weniger gut geeignet, da seine zarten, relativ kleinen Blüten in Konkurrenz mit Schmuckstauden häufig „untergehen". Dafür bildet er einen interessanten Vordergrund vor lockeren Hecken oder Sträuchern.

Auch im Gemüsegarten macht der Borretsch – hier vor Lavendel – eine gute Figur.

Borretsch für Gesundheit und Wellness

Während dem Borretsch in früheren Zeiten Heilkräfte zugetraut wurden – Antidepressivum, harn- und schweißtreibend, entzündungshemmend, antirheumatisch, gegen Bronchitis und anderes mehr –, steht heute vor allem seine kulinarische Bedeutung im Vordergrund. In der Tat raten Mediziner sogar von großen Mengen Borretsch ab, weil er giftige Alkaloide enthält; bei Verwendung als Gewürz besteht allerdings keine Gefahr. Immerhin wird das ungiftige Samenöl noch gegen Neurodermitis verwendet. Das Aroma der frischen Blätter verfeinert alle Arten von Gurkengerichten (fein hacken), passt aber auch gut zu anderen Rohkostsalaten oder Suppen und Eintöpfen, zu Quarkspeisen oder Gemüse (Spinat, Mangold, Pak-Choi). Auch Risotto profitiert von Borretsch. Achten Sie darauf, Borretsch zu warmen Gerichten immer erst ganz zum Schluss zuzugeben, weil sonst das Aroma verschwindet. Die abgezupften Blüten ohne Kelchblätter bilden attraktive (und essbare) Blickpunkte auf leichten Sommersalaten, als schwimmende Sterne auf Suppen oder auf einem Blätterteigpastetchen mit Kräuterkäse.

Ernten und Konservieren

Borretsch kann nur frisch verwendet werden. Pflücken Sie die jeweils jüngsten Blätter (alte Blätter sind zu stark behaart und herb) und Blüten immer erst unmittelbar vor Gebrauch.

Die Ringelblume ist sowohl im Garten als auch in der Küche eine ungemein hübsche und nützliche Pflanze.

RINGELBLUME (Calendula officinalis)

„Ringelblumensalbe fein macht die ärgste Wunde heil!"
(Volksspruch)
Homöopathische Präparate

Pflanzencharakter

Einjähriger Korbblütler mit köpfchenförmigen Blüte und stark verzweigtem Stängel. Blätter und Stängel sind behaart und enthalten klebrigen Milchsaft. Ringelblumen sind äußerst robuste Pflanzen, die auch einem Anfänger keinerlei Schwierigkeiten machen, da sie auf so gut wie jedem Boden wachsen. Sie verströmen einen aromatischen Geruch.

Pflanzen und Pflegen

Die großen, etwa sichelförmigen Samen werden ab Ende März am Standort ausgesät und leicht mit Erde bedeckt. Da Ringelblumen verlässlich keimen, reichen relativ wenige Samen aus. Die Keimlinge sind bereits nach 2–3 Wochen zu sehen und werden nach Bedarf vereinzelt. Ringelblumen säen sich selbst aus (prägen Sie sich ein, wie die Keimlinge aussehen, damit diese in den Folgejahren nicht den Weg allen Unkrauts gehen). Pflege ist bis auf Gießen nicht erforderlich; zu dicht stehende Pflanzen neigen allerdings zu Mehltau.

Gestalten mit Ringelblumen

Die über 5 cm großen Blütenköpfchen in kräftigen Farbtönen zwischen reinem Gelb und einem tiefen Orangerot sind nicht nur im Bauerngarten eine Augenweide, sondern eignen sich auch bestens, um Lücken in einem Staudenbeet zu füllen (zum Beispiel am Ort der früh blühenden Zwiebelpflanzen). Ihre Farbe macht sie zu guten Partnern aller gelb und rot blühenden Stauden bzw. zu kontrastreichen Blickpunkten in blauen Farbthemen. Ist das Beet groß genug, können Ringelblumen sogar als Beetbegrenzung ausgesät werden. Sie bilden eine biologische Abwehr gegen Wurzelälchen, daher sollten sie als Farbtupfer in keinem Gemüsebeet (z. B. Kartoffeln, Gurken, Tomaten, Erdbeeren) fehlen. Die kleinwüchsigen Sorten der Ringelblume (z. B. 'Fiesta Gitana') eignen sich gut für Balkonkästen oder als Unterwuchs in großen Kübeln.

Ringelblume
Kurzinfo:
Höhe/Breite: 30–50 cm/
20–30 cm
Blütezeit: Juni–Oktober
Blütenfarbe: gelb bis orange
Standortbedingungen: ideal sind sonnige Plätze; verträgt auch Halbschatten

Tipp:
Der frische Saft einer zerquetschten Blüte lindert den Schmerz von Bienen- und Wespenstichen.

Ringelblume für Gesundheit und Wellness

Frisch geerntete Blütenköpfchen lassen sich zu einer Salbe verarbeiten (siehe Praxisteil), die hervorragend gegen Geschwüre, Verbrennungen, Quetschungen, Stauchungen oder Muskelkater hilft. Ringelblumentee wird sowohl zum Gurgeln bei Entzündungen im Mund-Rachen-Raum wie auch zur Beruhigung des Magens verwendet (zusammen mit Kamille und/oder Fenchelsamen; 1–2 Teelöffel). Calendulaöl (Reformhäuser, Apotheke) pflegt die Haut und macht sie geschmeidig: Duschen Sie möglichst kalt, und reiben Sie die Haut gründlich mit Calendulaöl ein; danach ohne Seife warm abduschen. Die einzelnen Blütenblätter des Köpfchens lassen sich leicht herausziehen und über Salate und Suppen streuen. Sie dienen sogar als Ersatz für Safran, um Reis gelb zu färben (in Sahne oder Milch köcheln lassen und die gelbe Milch durch ein Sieb zum Reis gießen).

Ernten und Konservieren

Für kulinarische und medizinische Zwecke eignen sich nur die Blüten der botanischen Art (keine Sorten). Am besten verwendet man sie frisch, als Wintervorrat dürfen die Blüten aber auch getrocknet werden. Schneiden Sie die Blütenköpfchen an einem trockenen Tag ab, legen Sie sie auf ein Sieb und streifen Sie die Einzelblüten in ein lichtdichtes Glasgefäß (gut verschließen).

SONNENHUT (Echinacea purpurea)

Homöopathische Präparate

Pflanzencharakter

Markante Staude mit kräftigem Stängel, breiten Blättern und großen, auffallenden Blütenköpfchen und schwach aromatischem Geruch. Charakteristisch sind die zu einer Halbkugel gewölbten Röhrenblüten im Zentrum. Der Sonnenhut stellt relativ geringe Ansprüche.

Der Sonnenhut wird nicht ohne Grund von Staudengärtnereien als Schmuckstaude angeboten.

Pflanzen und Pflegen

Am besten pflanzen Sie den Sonnenhut als Containerpflanze ein, denn er keimt nicht immer verlässlich aus den angebotenen Samen aus. Reichern Sie den Boden im Frühling mit einem organischen Langzeitdünger an, und gießen Sie regelmäßig. Sobald die Blüten verblüht sind, wird der Blütenstängel abgeschnitten. Sonnenhut ist eine kurzlebige Staude, die nach drei bis vier Jahren neu gepflanzt werden sollte.

Sonnenhut
Kurzinfo:
Höhe/Breite: 60–70 cm/ 40–50 cm
Blütezeit: Juli–September
Blütenfarbe: karmin- bis violettrot
Standortbedingungen: nährstoffreicher Gartenboden; sonnige Lage

Gestalten mit Sonnenhut

Die prachtvolle Blüte macht den Sonnenhut zu einer vollwertigen Prachtstaude, die in Rabatten mit blauen bis roten Farbthemen sowie als Kontrast zu Gelb wirkungsvoll zur Geltung kommt. Gut geeignete Partner des Sonnenhut sind die verwandten Rudbeckien (Rudbeckia), Indianernessel (Monarda), Phlox (Phlox) oder Prachtscharte (Liatris) sowie die meisten Astern (Aster). Stellen Sie stets mehrere Exemplare zusammen, und stützen Sie die Gruppe unauffällig (Sonnenhut ist nicht vollständig standfest).

Sonnenhut für Gesundheit und Wellness

Die nordamerikanischen Indianer nutzten den Sonnenhut als Heilmittel, das die Abwehrkräfte des Körpers stärkt. Entsprechend setzen sie Sonnenhut-Tee gegen Infektionskrankheiten ein. Ähnlich wirken auch die zahlreichen Echinacea-Präparate, die bei uns vor allem vorbeugend eingenommen werden. Der frische Presssaft der grünen Pflanzenteile fördert die Wundheilung. Da es schwierig ist, medizinisch wirksame Präparate aus den Gartenpflanzen zu gewinnen – außerdem verlieren Sie damit eine hübsche Staude –, sollten Sie auf Fertigprodukte aus der Apotheke zurückgreifen. Aus den gut gereinigten, frischen Wurzeln können Sie allerdings einen Tee zubereiten (1 Teelöffel); süßen Sie den bitteren Tee mit Honig. Mit Tee getränkte Umschläge helfen bei schlecht heilenden Wunden und Hauterkrankungen.

Ernten und Konservieren

Blätter und Wurzeln werden zu Beginn der Blütezeit geerntet (Wurzel gründlich von Erde befreien). Im frischen Zustand ist die Pflanzendroge wirksamer als getrocknet.

Der Echinacea-Typ

Eher blass und blond, blauäugig, trockene und empfindliche Haut, ruhebedürftig, ermüdet leicht trotz ausreichender Schlafmenge, infektionsgefährdet.

Fenchel
Kurzinfo:
Höhe/Breite: 150–200 cm/ 60–80 cm
Blütezeit: Juli–Oktober
Blütenfarbe: gelbgrün
Standortbedingungen: tiefgründiger, nährstoffreicher Boden; sonnig und warm

Tipp:
Fenchelfrüchte – 1/2 Teelöffel, morgens gekaut – sorgen für frischen Atem.

Fenchel kommt auch in einer Wildblumenwiese – hier mit Mohn – bestens zur Geltung.

FENCHEL (Foeniculum vulgare)

„Der gerne drunken wird, der ezze fenichil samen, dazz hilfet." (Deutsche Handschrift des 14. Jhs.)
Homöopathische Präparate
Heilpflanze nach Pfarrer Kneipp
Heilkraut der Hildegard von Bingen

Pflanzencharakter

Kräftig und aromatisch duftendes Doldengewächs mit großen, fein gefiederten Blättern. Die winzigen, gelbgrünen Blüten stehen dekorativ in weit ausgebreiteten Dolden. Fenchel liebt feuchten, kalkhaltigen und nährstoffreichen Boden, d. h. einen wirklich guten Platz im Garten.

Pflanzen und Pflegen

Fenchel kann zwar auch aus Samen gezogen werden, macht als Containerstaude aber deutlich weniger Arbeit. Er verankert sich mit einer sehr langen Wurzel im Boden; alte Pflanzen verholzen. Der Boden wird im Frühling mit Kompost angereichert und regelmäßig gelockert, damit das Gießwasser gut eindringt. Fenchel braucht Dünger mit hohem Kalkanteil. In den Folgejahren sät er sich meist selbst aus (abwarten und die Pflänzchen vereinzeln) und verjüngt so den Bestand. Wenn Sie Fenchel über mehrere Jahre lang ziehen möchten, sollten Sie ihn im Spätherbst mit Stroh abdecken.

Gestalten mit Fenchel

Die attraktiven Blätter machen den Fenchel zu einer Blattschmuckstaude von eigenem Reiz. Das Grün seiner fadendünnen Blattfiedern erscheint schleierartig durchscheinend und fein. Er kann einzeln zwischen rot oder blau blühenden Stauden stehen oder als „durchsichtige" Gruppe im Hintergrund – sowohl in der Rabatte wie im Gewürz- oder Gemüsebeet. Die in der Sonne fast schwefelgelb wirkenden Blütenstände erwecken den Anschein, über den Blättern zu schweben. Besonders dekorativ ist der Bronzefenchel mit rötlich überhauchten Blättern.

Fenchel für Gesundheit und Wellness

Fenchel ist äußerst vielseitig. Die Gemüseform (Knollenfenchel) hat essbare Blattscheiden, beim Arzneifenchel werden Blätter und Früchte genutzt. Die frischen Blätter sind ein mildes Gewürz für Salate und Fischsoßen, die Früchte (frisch zerstoßen) haben einen kräftigeren Geschmack. Zusammen mit Curry, Anis, Kardamom oder anderen exotischen Gewüzen sorgen sie für indisches Feeling in Reis- und Fleischgerichten. Da Fenchelfrüchte Blähungen verhindern, passen sie bestens zu allen Hülsenfrüchten und Kohlgerichten. Fencheltee (1 Teelöffel) wird möglichst ungesüßt vorbeugend gegen Blähungen, aber auch bei Völlegefühl und verschleimten Atemwegen getrunken. Das ungewöhnliche Aroma des Fenchels setzt sich auch in einer üblichen Brotmischung durch (ca. 3 Teelöffel Früchte pro Brot).

Ein angenehm beruhigendes Gefühl verströmt das süßliche Fenchelöl in einer Duftlampe, besonders entspannend wirkt eine Kombination aus Fenchel, Sandelholz und Rosengeranien. Sie können einige Tropfen des Öls auch einem Vollbad zugeben oder einem handelsüblichen Pflegeöl beimischen.

Ernten und Konservieren

Frische Blätter zum Würzen in der Küche werden nach Bedarf entnommen, die Früchte reifen ab August. Schneiden Sie die Dolden mit braunen Früchten als Ganzes ab, klopfen Sie die Früchte in eine Papiertüte. Fenchel wird in einem dunklen Glas mit Schraubverschluss aufbewahrt. Fenchelsirup und Fenchelhonig sind in Apotheken und Reformhäusern erhältlich.

TÜPFEL-JOHANNISKRAUT (Hypericum perforatum)

Die Blätter tragen „die Nadelstiche des Teufels".
(Alte Volksweisheit)

Homöopathische Präparate

Heilpflanze nach Pfarrer Kneipp

Neben der aparten Rose 'Cafe' spielt das gelbe Johanniskraut nur die Rolle eines Statisten.

Tüpfel-Johanniskraut
Warnung:
Während einer Therapie mit Johanniskraut sollten Sie intensive Sonnenbäder im Garten meiden, da die Wirkstoffe Ihre Lichtempfindlichkeit erhöhen.

Pflanzencharakter

Locker wachsende Wildstaude mit verzweigter Wurzel und Ausläufern. Spitz zulaufende Blätter mit durchscheinenden Öldrüsen. Die gelben Blütenblätter scheiden beim Zerreiben blutroten Milchsaft aus. Johanniskraut wächst auf trockenen, kalkhaltigen Wiesen.

Pflanzen und Pflegen

Johanniskraut wird in Gärtnereien oder von Versendern angeboten, die sich auf Wildkräuter spezialisiert haben (als Containerpflanze oder Samen); den Samen können Sie von Wildpflanzen sammeln, die Stauden dürfen aber nicht ausgegraben werden. Der Samen wird in großen Blumentöpfen oder Schalen vorkultiviert, die Pflänzchen kommen im Spätsommer bis Herbst an den endgültigen Standort. Vor dem Einpflanzen wird der Boden gelockert und mit Algenkalk und Sand angereichert. Sobald sich das Johanniskraut etabliert hat, braucht es bis auf eine Kompostgabe im Frühling keine Pflege mehr.

Gestalten mit Johanniskraut

Der lockere Wuchs des Johanniskrautes kommt am besten in einer trockenen Steppenbepflanzung zwischen Wiesenblumen und Gräsern zur Geltung. In der Rabatte oder einem Cottage-Garden-Beet geht die Staude leicht unter. Hier fügen sich die Sorten des Johanniskrautes besser ein, denen allerdings die medizinisch wirksamen Inhaltsstoffe fehlen.

Johanniskraut für Gesundheit und Wellness

Fertigpräparate aus Johanniskraut helfen ohne Nebenwirkungen gegen leichte Depressionen und Schlafstörungen. Der selbst zubereitete Tee – er soll am besten wirken, wenn die Pflanze zur Zeit der Sommersonnenwende geerntet wird – behebt nervöse Unruhe, Schlafstörungen und Stimmungsschwankungen (1–2 Teelöffel); Teemischungen mit Baldrian und Melisse sind möglich. Trinken Sie den Tee mehrere Wochen lang regelmäßig morgens und abends, um seine Wirkung zu optimieren. Das Öl wird vorwiegend äußerlich angewandt: Es hilft bei Wunden, leichten Verbrennungen (Sonnenbrand), Insektenstichen, Muskelkater und Quetschungen. Da es gut von der Haut aufgenommen wird, regt es als Massageöl bei einer Partnermassage die Durchblutung an, stärkt das Gewebe, lockert die Muskeln und wirkt erwärmend.

Ernten und Konservieren

Für den Tee werden die oberen Teile des blühenden Krautes abgeschnitten, im Schatten getrocknet und zerkleinert; dunkel und trocken aufbewahren. Johanniskrautöl stellen Sie aus 50 g frischen Blüten in etwa 1/2 l Oliven- oder Weizenkeimöl her. Stellen Sie das Öl ins Licht (zunächst offen, nach 3–4 Tagen verschlossen). Nach etwa 5–6 Wochen hat sich das Öl rot verfärbt und kann abgefiltert werden (Blüten gut auspressen). Das Öl sammelt sich auf dem Wasser, das noch in den Blüten enthalten war – vorsichtig abgießen. Johanniskrautöl ist mindestens ein Jahr haltbar. Das Öl ist auch in Apotheken erhältlich.

Ysop
Kurzinfo:
Höhe/Breite: 30–60 cm/50–60 cm
Blütezeit: Juli–August
Blütenfarbe: blauviolett
Standortbedingungen: trockene, sandige Böden in voller Sonne

Tipp:
Kleine Kartoffeln zusammen mit Ysop und Rosmarin (oder Thymian) mit Schale in wenig Wasser garen; abgießen und in längs geschnittenen Achteln in einer Teflonpfanne mit frischen Kräutern anbräunen.

Salbei, Minze und Ysop (im Hintergrund [illegible] zusammen mit Zierpflanzen in einem Bauerngartenbeet.

YSOP (Hyssopus officinalis)

„Wer dem Ysop an Tugenden gleichkommt, weiß zu viel!"
(Altes Sprichwort)
Heilkraut der Hildegard von Bingen

Pflanzencharakter

Immergrüner, im unteren Teil verholzter Halbstrauch mit vierkantigen Stängeln und schmalen Blättern. Die Lippenblüten stehen dicht in den Blattachseln; der Strauch duftet aromatisch. Er ist zwar recht anspruchslos, fühlt sich aber am wohlsten in leicht kalkhaltigen Böden.

Pflanzen und Pflegen

Ysop wird üblicherweise als Containerpflanze angeboten; machen Sie den Boden durch beigemischten Sand durchlässiger, und mischen Sie beim Einpflanzen etwas Algenkalk bei. Jäten Sie gründlich, denn Ysop setzt sich nicht gegen wüchsige Unkräuter durch. Vor allem in rauen Regionen wird der Strauch im Spätherbst mit Reisig abgedeckt. Wenn Sie im Frühling das Reisig entfernen, wird der Boden mit Kompost und etwas organischem Langzeitdünger verbessert; schneiden Sie erfrorene Zweige ab.

Gestalten mit Ysop

In den Ansprüchen passt der Ysop recht gut mit mediterranen Pflanzen wie Lavendel, Thymian und anderen in ein kleines Kräuterbeet in der Sonne. Damit diese Pflanzen der heißen Macchie besser gedeihen, sollten Sie den Untergrund schwerer Böden mit Kies durchlässiger machen. Kies und/oder Objekte aus Terrakotta verleihen dem Arrangement südliches Flair, während Prachtstauden wie Kugeldistel (Echinops), Fackellilien (Kniphofia), Prachtscharte (Liatris), Salbei (Salvia) oder Wollziest (Stachys byzantina) interessante Akzente setzen.

Ysop für Gesundheit und Wellness

Ysop enthält vor allem ätherisches Öl und Gerbstoffe; er löst den Schleim und lindert die Symptome von Husten, Schnupfen und Halsentzündungen. Der Tee wird getrunken oder zum Gurgeln – auch bei Zahnfleischentzündungen – verwendet (2–3 Teelöffel pro Tasse mit kaltem Wasser aufsetzen und zum Kochen bringen, 15 Minuten ziehen lassen und abseihen). Ysoptee schmeckt etwas bitter. Wenige Blätter des frischen Krautes bereichern mit ihrem herben Aroma Salate, Fleischgerichte und Bohneneintöpfe; sie regen die Galle an und fördern die Verdauung schwerer Speisen.

Ernten und Konservieren

Sammeln Sie während der Blütezeit nur die nicht verholzten, oberen Teile mit den Blüten; im Schatten trocknen und in verschlossenen, dunklen Behältern aufbewahren. Frisches Kraut verarbeitet man zu Ysopwein (ca. 5 ganze Stängel 5 Tage in 1/2 l Weißwein ziehen lassen), der als Aperitif getrunken wird. Noch länger haltbar ist Ysopessig zum Würzen von Salaten.

Lavendel – auch die Sorten – sind perfekte Begleitpflanzen für alle rosafarbenen Rosen.

LAVENDEL (Lavandula angustifolia)

„Besonders gut für allerlei Beschwerden des Kopfes und Hirns."

(John Parkinson, 1640)

Heilpflanze nach Pfarrer Kneipp

Pflanzencharakter

An der Basis verholzender, immergrüner Halbstrauch mit kompakter Wuchsform und tief reichender Pfahlwurzel. Schmale, in Quirlen stehende Blätter und ährenartige Blütenstände mit Lippenblüten auf hohen, blattlosen Stängeln. Typische, aromatisch duftende Mittelmeerpflanze, die sandige, möglichst kalkhaltige Böden liebt.

Pflanzen und Pflegen

Lavendel wird in mehreren Sorten als Containerstrauch angeboten. Zum Würzen und als Heilkraut muss es allerdings die botanische Art sein. Lockern Sie den Boden gründlich auf, und reichern Sie ihn mit Sand oder feinem Kies an, sodass Regenwasser gut versickern kann. Lavendel wird nicht gedüngt, sollte aber nach der Blüte tief zurückgeschnitten werden, damit er seine kompakte Wuchsform behält; Vermehrung aus Stecklingen ist möglich.

Gestalten mit Lavendel

Für viele Menschen verkörpert der Lavendel den Duft und die Sonne des Südens. Da die Zweige und Blüten einer einzigen Pflanze (botanische Art) ausreichen, um Tees herzustellen und Speisen zu würzen, dürfen Sie Ihren Lavendelbestand im Garten ruhig mit farblich ansprechenden Sorten aufstocken (wer Lavendelbäder liebt, braucht allerdings mehr Sträucher). Er kann ähnlich wie der Ysop (siehe dort) zu einem mediterranen Aspekt arrangiert werden, passt aber auch wunderbar zu Füßen einer Strauch- oder Kletterrose. In einem ausreichend großen Terrakottakübel zaubert er das Flair der Provence auf die Terrasse.

Lavendel für Gesundheit und Wellness

Frische Lavendelblättchen verleihen Hammel- und Lammfleisch, Eintöpfen, Geflügel, Suppen und Saucen ein mediterranes Aroma; die Mischung mit anderen aromatischen Kräutern ist möglich – testen Sie Ihre Kreativität! Der Tee aus getrockneten Lavendelblüten (1–2 Teelöffel) wird vor dem Schlafengehen zur Beruhigung oder bei Appetitlosigkeit und Magen- und Darmstörungen getrunken. Als Massageöl lässt sich Lavendel gut mit anderen Ölen mischen; es wirkt antidepressiv und entlastet bei Stress. Massieren Sie sich bei Kopfschmerz einige Tropfen in die Schläfen ein. Einige Tropfen des Öls straffen die Haut (vorsichtig ins Dekolletee einmassieren), für die Pflege der Gesichtshaut benutzen Sie besser in Mineralwasser getropftes Öl als Gesichtswasser. Auch als Badezusatz wirkt Lavendel anregend, belebend und fördert die Durchblutung: Kochen Sie etwa 50–100 g des Krautes etwa 10 Minuten lang in 1 l Wasser aus; durch ein Tuch gießen und dem Badewasser zusetzen (weniger Aufwand: Lavendelöl in etwas Sahne oder Honig auflösen und dem Wasser zugeben). Für das allgemeine Wohlbefinden und zur Verbesserung des Raumklimas wird Lavendelöl in einer Duftlampe verdunstet (gut zusammen mit Bergamotte- und Zitronenöl).

Lavendel
Kurzinfo:
Höhe/Breite: 30–60 cm/ 60–100 cm
Blütezeit: Juli–September
Blütenfarbe: lavendelblau (Sorten auch weiß bis rosa)
Standortbedingungen: trockene Böden; volle Sonne

Ernten und Konservieren

Blätter, die als Gewürz verwendet werden, sollten Sie jeweils frisch pflücken (auch Blüten als Dekoration für einen Salat). Blüten für Tee und nicht verholzte Zweige als Badezusatz ernten Sie zur Blütezeit. Trocknen Sie Lavendel als Sträußchen im Schatten. Duftsäckchen für den Kleiderschrank oder als Einschlafhilfe unter dem Kopfkissen enthalten neben Lavendel z. B. auch Rosmarin. Aus Lavendel lässt sich sowohl Kräuteröl wie -essig herstellen.

WILDE MALVE (Malva sylvestris)

„Malve im Gemüsegarten lässt den Doktor draußen warten!"
(Spanisches Sprichwort)

Malve
Kurzinfo:
Höhe/Breite: 30–120 cm/ 50–60 cm
Blütezeit: Juni–September
Blütenfarbe: rosaviolett, dunkle Adern
Standortbedingungen: normaler Gartenboden; Sonne

Tipp:
Malven eignen sich gut als Schnittblumen.

Pflanzencharakter

Heimische Wildstaude mit langer, tief reichender Wurzel. Große, gelappte, behaarte Blätter. Hübsche große, in einzelne Blütenblätter aufgelöste Blüten. Sie stehen in den Blattachseln und erinnern an Hibiskus. Die Früchte gleichen winzigen Käselaiben. In den Standortansprüchen ist die Malve nicht wählerisch, wächst aber am besten in durchlässigem Boden.

Pflanzen und Pflegen

Malven bekommen Sie in vielen Staudengärtnereien mit Bauerngartenabteilung als Containerpflanze (medizinisch wirksam ist nur die Art). Reichern Sie den Boden mit Kompost, Hornspänen und Algenkalk an. Über das Jahr braucht nur der Boden gelockert und bei Trockenheit gegossen werden. Malven aus Samen sollten in der Schale oder einem Blumentopf

Neben der Wilden Malve gibt es ähnlich aussehende Verwandte, z. B. Malva mauritiana, die besser als Zierpflanzen geeignet sind.

vorgezogen werden; sie brauchen Wärme und Feuchtigkeit. Die Jungpflanzen kommen nach den Eisheiligen ins Beet.

Malven für Gesundheit und Wellness

Malven gehören in dieselbe Familie wie der Eibisch; sie enthalten vor allem Schleime und Gerbstoffe. Für einen Tee gegen Entzündungen der Atemwege (Katarrhe) legt man 2 Teelöffel getrocknete Blüten in eine Tasse mit kaltem Wasser und rührt gelegentlich um. Nach 2 Stunden abseihen und leicht erwärmen. Der Tee kann mit Honig gesüßt getrunken oder zum Gurgeln verwendet werden; er beruhigt Magen und Darm. Statt in Wasser lassen sich Malvenblüten auch in Weißwein auflösen (5 g trockene Blüten auf 100 ml Wein); 10 Tage stehen lassen und abfiltern – zum Gurgeln und esslöffelweise Einnehmen. Frische Blüten eignen sich als hübsche Dekoration für Salate, zum Färben von Reis oder als Dekoration zum Eis. Eher kurios sind in Essig eingelegte Knospen, die wie Kapern verwendet werden.

Gestalten mit Malven

Wilde Malven wirken am natürlichsten in einer Gruppe aus drei bis vier Pflanzen im Bauerngarten, zusammen mit Eibisch (Althaea officinalis) und den blütenreichen Stockrosen (Alcea rosea Hybriden). Stockrosen blühen lange und sind in kräftigeren Farben erhältlich – auf diese Weise bleibt die Schauwirkung lange erhalten. Als Partner in einer Rabatte bieten sich z. B. Gräser, ein farblich passender Rittersporn oder Taglilien (Hemerocallis) an, deren markante Wuchsform nicht durch Malven oder Stockrosen erdrückt wird. Für die spätere Zeit des Jahres übernehmen Spinnenblume (Cleome spinosa) oder Schmuckkörbchen (Cosmos bipinnatus) die Partnerrolle.

Ernten und Konservieren

Für den Teevorrat gegen winterliche Katarrhe ernten Sie die obersten Blätter und Blüten und lassen sie auf einem Sieb trocknen. Es ist möglich, die Malvendroge mit Eibisch zu mischen.

Hier wurden Kamille und Sternenmoos äußerst wirkungsvoll in einem Yin-Yang-Beet arrangiert.

Kamille
Kurzinfo:
Höhe/Breite: 20–60 cm/30–40 cm
Blütezeit: Mai–August
Blütenfarbe: weiß und gelb
Standortbedingungen:
anspruchslos, alle Gartenböden, sonnig

ECHTE KAMILLE

(Matricaria recutita) S. 63

„Die ... gantz gemein Chamill ist der Doctor Recipe eins."
(Hieronymus Bock, 1539)
Homöopathische Präparate
Heilpflanze nach Pfarrer Kneipp

Pflanzencharakter

Die einjährige Kamille dürfte eine der bekanntesten Heilpflanzen sein. Aus dünnen Wurzeln treibt ein verzweigter Spross mit Blättern, die in feine Fiedern aufgelöst sind. Die Blütenköpfchen an den Triebenden bestehen aus weißen Zungenblüten und zu einer Kuppel gewölbten Röhrenblüten (der hohle Blütenboden ist ein sicheres Kennzeichen der Art). Vor allem die Blütenköpfchen strömen beim Zerreiben den typischen Kamillenduft aus.

Pflanzen und Pflegen

Arbeiten Sie etwas Kompost in das Saatbeet ein, und streuen Sie die Samen ab April im Freiland aus. Die auflaufenden Keimlinge werden ausgedünnt; weitere Pflege ist nicht erforderlich. Mit etwas Glück samt sich die Kamille übrigens selbst aus.

Gestalten mit Kamille

Leider kann der Schmuckwert der Kamille bei weitem nicht mit ihrer Heilkraft konkurrieren. Suchen Sie nach einem sonnigen Plätzchen, möglichst außerhalb des direkten Blickes, oder säen Sie die Pflanzen dichter als Begrenzung für ein Kräuter- oder Gewürzbeet aus. Im Gemüsegarten passt sie am besten zu Kohl.

Kamille für Gesundheit und Wellness

Die beste Zubereitungsart für Kamille ist der ungesüßte Tee aus den Blütenköpfchen (1 Teelöffel). Er lindert Beschwerden im Magen- und Darmbereich. Zum Gurgeln (Entzündungen im Mund) oder für Umschläge (Wundheilung) verdoppeln Sie die Blütenmenge; für ein Dampfbad, wenn sich Schnupfen oder eine Grippe ankündigt, nehmen Sie 2–3 Teelöffel pro Liter (oder „Kamillenöl Blau" aus der Apotheke). Bei vielen Beschwerden im Genital- und Analbereich lindert ein Sitzbad in Kamille die Symptome (entweder 50 g Blüten auf 10 l Wasser oder einige Tropfen Kamillenöl). Das Öl in einer Duftlampe schafft eine angenehm entspannte Atmosphäre (gute Kombination mit Melissen- und/oder Orangenöl). Manchmal kann ein kühles, mit wenigen Tropfen Kamillenöl beträufeltes Tuch Kopfschmerzen und Migräne lindern: Hinlegen, auf die Stirn legen und ruhig atmen.

Ernten und Konservieren

Kamilleblüten möglichst kurz nach dem Aufblühen (die beste Erntezeit ist nach einer Sonnenperiode) am Stiel mit einer Schere abschneiden und auf einem Sieb trocknen. In gut verschlossenen Behältern aufbewahren. Größere Mengen in der Apotheke besorgen (dort auch Blüten der Römischen Kamille mit denselben Wirkstoffen).

Die grünen Blätter der Zitronenmelisse sind weniger eine Augenweide als …

… die buntlaubigen Formen; neben weißrandigen sind auch Sorten mit gelblichen Blättern erhältlich.

ZITRONENMELISSE (Melissa officinalis)

„Melissa ist das Beste für das Gehirn, sie stärkt das Gedächtnis und treibt die Melancholie mit Macht aus."
(John Evelyn; 1620–1706)
Heilkraut der Hildegard von Bingen

Pflanzencharakter

Die Zitronenmelisse ist eine Staude mit kurzen Ausläufern und vierkantigen, verzweigten Stängeln. Sie hat etwa eiförmige, gezackte Blätter und bildet relativ kleine Lippenblüten aus. Als Pflanze des Vorderen Orients liebt sie die pralle Sonne; sie duftet auch am Standort nach Zitrone.

Pflanzen und Pflegen

Melissen werden als Containerpflanze angeboten; reichern Sie den Boden mit Kompost und etwas Sand an, um ihn locker und nährstoffreich zu machen. Die oberirdischen Teile sterben im Winter ab; schützen Sie den empfindlichen Wurzelstock durch eine Mulchauflage. Im Frühling wird der Mulch verteilt und Kompost und organischer Langzeitdünger in den Boden eingearbeitet. Vorsicht beim Lockern und Jäten: Die Wurzeln liegen dicht unter der Oberfläche.

Tipp:
Frieren Sie Melisseblätter in Eiswürfel ein, und kühlen Sie damit sommerliche Getränke; Duft und Geschmack werden frei, wenn das Eis schmilzt.

Gestalten mit Zitronenmelisse

Neben der botanischen Art findet man in Gartencentern auch Sorten mit attraktiver gefärbten Blättern. Melisse wächst recht üppig und samt sich an guten Standorten selbst aus. Sie passt gut neben einen Sitzplatz, wo man sie mit der Hand erreichen und die duftenden Blätter zerreiben kann. Im Gewürzbeet gehört sie in die „mediterrane Abteilung", kann aber auch recht gut im Kübel für ein mobiles Arrangement gezogen werden.

Zitronenmelisse
Kurzinfo:
Höhe/Breite: 40–90 cm/30–40 cm
Blütezeit: Juni–August
Blütenfarbe: weiß, selten hellblau
Standortbedingungen:
humusreicher, aber durchlässiger Boden; volle Sonne

Zitronenmelisse für Gesundheit und Wellness

Das ätherische Öl in den Blättern der Melisse hat vor allem krampflösende und beruhigende Eigenschaften; es wirkt antibakteriell, und die Gerbstoffe sollen sogar Viren eindämmen. Gegen Magenbeschwerden, bei Schlafstörungen (1:1 mit Baldrian ansetzen) oder ganz allgemein bei Stress hilft ein Tee (2 Teelöffel). Sehr beruhigend und entspannend wirkt ein Vollbad in Melisse (100 g frische Blätter mit 1 l heißem Wasser übergießen; nach 20 Minuten durch ein Sieb ins Badewasser gießen). Für einen entspannenden Übergang zwischen einem stressreichen Tag und einer ruhigen Nacht sollten Sie Melissenöl in Ihrer Duftlampe (auch im Schlafzimmer) verdunsten; wirkungsvolle Kombinationen sind: Melisse, Ylang-Ylang und Sandelholz sowie Melisse, Lavendel und Rosenöl. Melissenöl ist sehr teuer, daher wird es häufig mit ähnlich duftenden Ölen (Zitrone, Eukalyptus, Lemongras) versetzt.

Der „Melissengeist" der Karmeliterinnen ist alkoholischer Auszug (Vorsicht, über 70-prozentig!), der zur Beruhigung getrunken wird oder mit leichter Schläfenmassage äußerlich bei Kopfschmerzen angewandt wird. In der Küche sollten Sie nur frisch gepflückte Melissenblätter verwenden; sie passen zu allen Gerichten, die auch mit Zitrone gewürzt werden, zu gekühlten Softdrinks und Weichkäse.

Ernten und Konservieren

Sammeln Sie die jeweils jüngsten Blättchen bzw. die oberen Stängelteile noch vor der Blüte; sie werden im Schatten getrocknet. Für die Küche nehmen Sie allerdings besser das frische Kraut, denn der Zitronenduft vergeht beim Trocknen. Zitronenmelisse eignet sich bestens, um einen Salatessig zu aromatisieren.

PFEFFERMINZE (Mentha x piperita)

„Wer die Minze findet und sie nicht anbetet, der wird auch die Madonna nicht sehen, wenn er stirbt."
(Italienischer Volksspruch)
Heilpflanze nach Pfarrer Kneipp
Heilkraut der Hildegard von Bingen

Pflanzencharakter

Die Pfefferminze ist ein so genannter „natürlicher Bastard", d. h., sie entstand in der Natur durch Kreuzung von zwei Wildarten. Sie wächst mit flachen

Wurzeln und Ausläufern, neigt daher zum Wuchern. An den vierkantigen Stängeln setzen längliche, gezackte Blätter an. Die Lippenblüten stehen dicht in einem walzenförmigen Blütenstand.

Pflanzen und Pflegen

Die sterile Pfefferminze kann nicht aus Samen gezogen werden. Besorgen Sie sich Ableger oder eine Containerpflanze. Magere Böden sollten vorher mit Kompost angereichert werden. Achten Sie darauf, Pfefferminze nicht neben wuchsschwache Stauden zu pflanzen. Pflegemaßnahmen bis auf regelmäßiges Gießen sind nicht erforderlich; wuchernde Pfefferminze besiegt sogar das Unkraut – ein Quadratmeter versorgt eine ganze Familie.

Pfefferminze
Kurzinfo:
Höhe/Breite: 30–90 cm/40–50 cm
Blütezeit: Juni–August
Blütenfarbe: hellrosa bis blauviolett
Standortbedingungen: feuchter, nährstoffreicher Boden in lichtem Schatten

Gestalten mit Pfefferminze

Blätter und Blüten machen die Pfefferminze zu einem interessanten Partner im Hintergrund. Da sie noch sehr gut im Übergang zum lichten Schatten wächst, passt sie bestens an den Beetrand vor Sträuchern. Um ihren Wuchs einzudämmen, sollte sie in kleineren Gärten allerdings in versenkte Kübel gepflanzt und regelmäßig kontrolliert werden. Auch ein Sitzplatz unter Bäumen oder neben hohen Sträuchern gewinnt durch Pfefferminze – zerreiben Sie nach einem stressreichen Tag die Blätter

Pfefferminze lässt sich gut kombinieren mit Meerrettich und Lavendel.

zwischen den Fingern, und massieren Sie das Öl leicht in Nacken, Schläfen und Stirn ein. Neben der Echten Pfefferminze gibt es eine ganze Reihe weiterer Arten und Sorten mit unterschiedlich geformten Blütenständen und getönten Blättern.

Pfefferminze für Gesundheit und Wellness

Das ätherische Öl der Pfefferminzblätter beruhigt bei nervösen Magen- und Darmbeschwerden (Tee: 1 Teelöffel). Da es kühlend und antibakteriell wirkt, benutzt man es auch zu Spülungen im Mund und äußerlich bei Rheuma, Juckreiz oder Kopfschmerz (Öl tropfenweise einmassieren); als Dampfbad (eine Hand voll Blätter pro Schüssel) macht Pfefferminze bei leichten Erkältungen die Nase wieder frei. Der kühlende Geschmack der frischen Blätter passt hervorragend zu sommerlichen Mixgetränken (Eistee aus frischen Pfefferminzblättern!), fein zerhackt und als Dekoration zu Eisbechern und Süßspeisen sowie zu Rohkostsalaten. Für Saucen zu Fleischgerichten ist Pfefferminze viel besser geeignet, als es uns ihr notorisch schlechtes Image („englische Pfefferminzsauce") weismachen will. Ein kleines Sträußchen wird mitgegart, dann entnommen, und kurz vor dem Servieren kommen frisch gehackte Blättchen dazu. Wagen Sie ruhig Experimente, vermeiden Sie aber zu „wilde" Kombinationen – Pfefferminze will allein sein, allenfalls ein Spritzer Zitronensaft intensiviert die pikante Frische.

In der Duftlampe verdunstetes Pfefferminzöl macht auch den müdesten Kopf wieder klar, es bessert die Stimmung bei Ängsten und Depression und erhöht die Konzentrationsfähigkeit; wie beim Würzen lässt sich die Wirkung durch Zitrone verstärken.

Ernten und Konservieren

Die frischen Blätter werden nach Bedarf gepflückt; den Wintervorrat ernten Sie am besten vor der Blüte im Juni. Trocknen Sie das Kraut in hängenden Sträußchen, und bewahren Sie es gut verschlossen auf. Lange haltbar bleibt der Geschmack in Eiswürfeln. Sie aromatisieren nicht nur Getränke, sondern können auch kurz vor Fertigstellung in einer Sauce geschmolzen werden.

Warnung:
Es gibt Hinweise darauf, das pur eingenommenes Basilikumöl Krebs erregen könnte. Vorsichtige sollten daher ausschließlich die frischen Blätter verwenden und das Öl nur äußerlich anwenden.

BASILIKUM (Ocimum basilicum)

Basilikum nimmt „die Traurigkeit, so von der Melancholey entspringt".
(Mittelalterliches Kräuterbuch)
Homöopathische Präparate
Heilkraut der Hildegard von Bingen

Die glänzenden Blätter des Basilikums schmecken am besten, wenn sie frisch verarbeitet werden.

Pflanzencharakter

Basilikum ist ein einjähriges Kraut mit vierkantigem Stängel und glänzenden, etwas ovalen Blättern. Je nach Bedingungen und Sorte ändern sich Größe und Blattfarbe. Die unscheinbaren Lippenblüten erscheinen in den Achseln der obersten Blättchen.

Pflanzen und Pflegen

Basilikum wird als vorgezogenes Pflänzchen angeboten, lässt sich aber auch aus Samen ziehen: Er braucht einen warmen Platz auf der Fensterbank und darf nur knapp von Erde bedeckt sein (Lichtkeimer). Wird Basilikum in der Schale ausgesät, müssen die Pflänzchen pikiert werden. Bei genügend Platz sollten Sie Basilikum im Topf aussäen (Sand-Humus-Mischung), überzählige Pflänzchen auszupfen und ab Ende Mai mit dem Topf ins Beet oder auf die Terrasse setzen (diese Technik verhindert den Schneckenfraß).

Basilikum

Kurzinfo:

Höhe/Breite: 20–50 cm/15–30 cm
Blütezeit: Juni–September
Blütenfarbe: weiß
Standortbedingungen: lockerer, durchlässiger Boden; volle Sonne

Tipp:

Basilikum direkt neben einem Sitzplatz vertreibt lästige Fliegen (geht auch mit Basilikumöl in einer Duftlampe)

Gestalten mit Basilikum

In größeren Beeten geht „normaler" Basilikum optisch leicht unter, dabei sind vor allem seine buntblättrigen Sorten sehr attraktiv. Stellen Sie auf der Terrasse aus rot- und grünblättrigen Sorten wechselnde Arrangements mit kleinblütigen Kübelpflanzen (Blaues Gänseblümchen (Brachyscome), Glockenblumen (Campanula), Kapaster (Felicia) usw.) zusammen. In Töpfen stehen die Chancen auf reiche, aromatische Ernte ohnehin viel besser – vor allem in kühlen Sommern). Im Gemüsebeet sollte es neben den Tomaten wachsen.

Italien pur ist ein Pesto für Teigwaren: Pürieren Sie im Mörser oder mit dem Pürierstab eine Hand voll frisches Basilikum mit 50 g gerösteten Pinienkernen in Olivenöl; geben Sie nach Belieben Parmesan und Pecorino dazu, bis eine zähe Masse entstanden ist.

Einige Tropfen Basilikumöl in einem Taschentuch sind gut für den schmerzenden Kopf und die Seele (mehrmals tief einhalieren); ähnlich aufmunternd wirkt das Öl in einer Duftlampe – Zitronenöl sorgt für mehr Frische.

Basilikum für Gesundheit und Wellness

Die aromatischen Blätter regen Appetit und Verdauung an und helfen dabei, Salz zu sparen (Diätgerichte). Sie sind ein nahezu perfekter Begleiter von warmen und kalten Tomatengerichten, passen zu mediterranem Gemüse (z. B. Paprika, Auberginen, Zucchini), aber auch zu vielen Fleischsaucen. In Gewürzmischungen tritt Basilikum oft hinter den anderen Aromen zurück; er kommt am besten als Solist zur Geltung.

Ernten und Konservieren

In der Küche ist frisch geernteter Basilikum am besten. Er kann als Wintervorrat getrocknet werden, verliert dann aber sehr an Aroma. Sammeln Sie die obersten Triebe noch vor der Blüte und trocknen Sie sie. In Kräuteressig und -öl bleibt das Aroma sehr gut erhalten. Das Pesto (s. o.; ohne Käse) lässt sich ohne Geschmacksverlust portionsweise einfrieren.

Die zitronengelben Blüten der Nachtkerze sind nicht nur attraktiv, sondern auch interessante Beobachtungsobjekte.

Nachtkerze:
Kurzinfo:
Höhe/Breite:
bis 2 m/40–50 cm
Blütezeit: Juni–September
Blütenfarbe: gelb
Standortbedingungen: lockere, trockene Böden; Sonne bis lichter Schatten

NACHTKERZE (Oenothera biennis)

Pflanzencharakter

Zweijährige Pflanze mit großen, ungewöhnlichen Blüten: Sie öffnen sich erst am Abend und locken mit ihrem Duft die Nachtfalter an. Schmal-ovale Blätter und mit Drüsenhaaren besetzte, gerade Stängel.

Pflanzen und Pflegen

Nachtkerzen werden ab Juni direkt am Standort ausgesät und 1–2 cm hoch mit Erde bedeckt. Auflaufende Pflänzchen werden vereinzelt. Die Blütenstängel erscheinen im Folgejahr. Pflege ist bis auf seltenes Gießen und Jäten nicht erforderlich. An geeigneten Standorten samt sich die Nachtkerze selbst aus und sorgt für kontinuierliche Blüte. Um allzu starke Ausbreitung zu verhindern, sollten Sie im Frühling den Bestand überprüfen und ggf. auslichten.

Gestalten mit Nachtkerzen

Dank der reichen Blütenpracht und der schmalen, hohen Wuchsform eignen sich Nachtkerzen sehr gut als Blickpunkte in Beeten mit gelben und roten Farbthemen. In blauen Beeten sorgen sie für auffallende Kontraste. Im Bauerngarten oder Gewürzbeet bilden Sie zusammen mit Sonnenblumen hübsche Hintergründe oder Sichtschirme. Da sich die Blüten abends innerhalb weniger Minuten öffnen, sind sie nahe einem Sitzplatz ein interessantes Beobachtungsobjekt für Kinder; in der Regel klappt der „Trick" auch bei frisch geschnittenen Stängeln mit Knospen.

Nachtkerze für Gesundheit und Wellness

Obwohl in der Volksmedizin gelegentlich Teezubereitungen aus den grünen Teilen benutzt werden, liegt die eigentliche Heilkraft im Öl der Samen (mit Gamma-Linolensäure als Vorstufe der Prostaglandine). Es hilft nachweislich bei Hauterkrankungen wie Neurodermitis und bei hormonellen Beschwerden während der Regel und in den Wechseljahren. Es ist in mehreren Fertigpräparaten enthalten (auch Kapseln gegen Akne und unreine Haut). Da das reine Öl schwer zu gewinnen und zu reinigen ist, sollten Sie sich an den Blüten erfreuen und auf kommerzielle Präparate zurückgreifen. In einer Mischung mit Jojobaöl (1:5) leicht einmassiert, pflegt Nachtkerzenöl die Haut.

Ernten und Konservieren

Die relativ dicke Wurzel ist essbar; sie wird gegen Ende der Blütezeit ausgegraben, geschält und wie Schwarzwurzeln zubereitet – schmeckt scharf.

Außerhalb der Blütezeit ist der Majoran relativ unscheinbar – man erkennt ihn aber sicher am Duft.

MAJORAN (Origanum majorana)

„In die spise getan, macht er sie wol schmecken."
(Mittelalterliches Kräuterbuch)
Homöopathische Präparate
Heilkraut der Hildegard von Bingen

Pflanzencharakter

Einjähriges Kraut mit vierkantigem, oben verzweigtem Stängel und kleinen, eiförmigen Blättchen; fein behaart. Lippenblüten in köpfchenartigen Blütenständen; meist weiß, manchmal lila bis rosa.

Pflanzen und Pflegen

Arbeiten Sie an der Stelle, wo später Majoran wachsen soll, Kompost in den Boden ein. Majoran wird im Topf ab März, im Freiland ab Mai ausgesät und dünn mit Erde abgedeckt (leicht andrücken). Da die Samen sehr klein sind, zum Ausstreuen am besten mit wenig Quarzsand vermischen. Nach ca. 3 Wochen laufen die Pflänzchen auf. Majoran verträgt kein Unkraut, daher müssen Sie regelmäßig jäten und den Boden lockern. Gießen ist nicht erforderlich – Majoran mag Trockenheit.

Gestalten mit Majoran

Leider ist der Majoran nicht halb so attraktiv wie nützlich. Er passt am besten in den Hintergrund ei-

Majoran
Kurzinfo:
Höhe/Breite: 20–50 cm/30–40 cm
Blütezeit: Juni–September
Blütenfarbe: weiß
Standortbedingungen: nährstoffreicher, lockerer Boden; volle Sonne

nes sonnigen Kräuterbeetes oder in die Nähe anderer mediterraner Kräuter (siehe Ysop), wo er dann eine Nebenrolle spielt. In einem hübschen Terrakottatopf mit Sand-Erde-Gemisch kommt er besser zur Geltung.

Majoran für Gesundheit und Wellness

Zwei bis drei Triebe frischen Majorans werden zum Sträußchen gebunden und mit Gänsebraten, Kartoffel- oder Eintopfgerichten, in Blättchenform zu Aufläufen (vor allem mit Tomaten) und Hackfleischgerichten gegeben (Kombination mit Thymian ist empfehlenswert) und mitgegart. Dabei sorgt er nicht nur für aromatisches mediterranes Aroma, sondern regt auch die Produktion der Verdauungssäfte an. Tee aus trockenen Blättern und Blüten (ohne Stängel) hilft gegen Verdauungsbeschwerden, Appetitlosigkeit und Blähungen. Als Badezusatz (frisch oder getrocknet) soll Majoran Muskelschmerzen und Rheuma lindern. Von dem alten Hausrezept gegen Schnupfen und Bauchweh (Majoran-Buttersalbe) raten Fachleute inzwischen aber ab.

Ernten und Konservieren

Frischer Majoran wird je nach Bedarf geerntet, Majoran für den Winter schneiden Sie am besten noch vor der Blüte an einem trockenen Tag ab und lassen ihn im Sträußchen trocknen. Die intensive Würzkraft geht nicht verloren. Majoran kann in kleinen Mengen Kräuterölen und -essig beigefügt werden.

Frische Oreganoblätter können vor und während der Blütezeit geerntet werden.

OREGANO
Wilder Majoran oder Dost
(Origanum vulgare)

„Dost ... erquickt Kopf und Nerven."
(K'Eogh, 18. Jh.)
Homöopathische Präparate
Heilkraut der Hildegard von Bingen

Oregano
Kurzinfo:
Höhe/Breite: 20–90 cm/40–50 cm
Blütezeit: Juli–Oktober
Blütenfarbe: meist rosa, seltener auch weiß
Standortbedingungen: trockene, durchlässige Böden; volle Sonne

> ***Tipp:***
> *Knoblauchbutter mit Oregano stellen Sie aus frischen, fein zerhackten Blättchen und Knoblauchsaft aus der Presse her; Butter nach Geschmack salzen oder pfeffern.*

Pflanzencharakter

Mehrjährige Pflanze mit verholzender Basis und Ausläufern. Am vierkantigen, verzweigten Stängel sitzen eiförmig zugespitzte Blättchen mit durchscheinenden Drüsenpunkten. Der verzweigte Blütenstand ist dicht mit kleinen Lippenblüten besetzt.

Pflanzen und Pflegen

Oregano wird in den Kräuterabteilungen von Gartencentern als Containerpflanze angeboten; schwere Böden beim Einpflanzen mit reichlich Sand versetzen. Die Pflege beschränkt sich auf das Unkrautjäten; Oregano braucht nur bei lang anhaltender Trockenheit gegossen zu werden. In rauen Regionen wird die Pflanze für den Winter leicht abgedeckt und die erfrorenen Triebe im Frühling bis auf den Boden zurückgeschnitten. Oregano lässt sich über die Ausläufer vermehren und kann auch im Kübel wachsen (Blumenerde mit reichlich Sand vermischen).

Gestalten mit Oregano

Neben der Art gibt es mehrere Sorten mit anderen Blütenfarben – und variabler Höhe und Aroma. Kleinere Sorten passen gut in den Steingarten, dessen Untergrund ihrem natürlichen Lebensraum nahe kommt. Zur Blütezeit ist die Staude über und über mit Blüten bedeckt, die in ihrer Gesamtheit, nicht als Einzelblüten wirken. Daher fügt sich Oregano prächtig in alle Arten von „wilden" Beeten ein, sei es ein Bauerngarten, ein Cottage Garden oder ein Staudenbeet mit Wildcharakter – selbstverständlich auch als Partner von mediterranen Arrangements im Beet oder auf der Terrasse.

Oregano für Gesundheit und Wellness

Schon als Gewürz werden die appetitanregenden, verdauungsfördernden Inhaltsstoffe der frischen Blättchen wirksam. Außerdem sind die ätherischen Öle krampflösend (Husten) und vertreiben Blähungen. Oregano gibt einer Pizza ihr typisches Aroma, passt aber auch gut zu Pasta, Fleisch und Fisch, Eintöpfen und Saucen; garen Sie ein Sträußchen des frischen Krautes mit. Wenn Sie sich geschwächt fühlen oder eine Erkältung im Anzug ist, kann ein Oregano-Bad helfen: Lassen Sie eine reichliche Hand voll trockener Triebe kurz in 1 l Wasser aufkochen; 10 Minuten stehen lassen und durch ein Sieb ins Badewasser gießen. Alternativ bietet sich ein Dampfbad an; Kamilleaufguss (s. S. 64) mit einigen Tropfen Oreganoöl aromatisieren. Als Massageöl – z. B. zusammen mit Orangen- und Rosmarinöl – fördert es die Durchblutung, entschlackt das Gewebe und soll sogar gegen Zellulite helfen. In der Duftlampe verströmt das Öl einen leicht scharfen Geruch, der anregend wirkt und die Konzentration verbessert.

Ernten und Konservieren

Ernten Sie die frischen Blätter nach Bedarf. Getrockneter Oregano hat die höchste Würzkraft kurz vor der Blüte: Pflücken Sie die zarten, oberen Zweigspitzen mit den Blütenknospen ab; im Schatten trocknen und gut verschlossen aufbewahren. Oregano z. B. in Form von Kräuteröl und -essig konservieren.

PETERSILIE (Petroselinum crispum)

„Petersilie hilft dem Mann aufs Pferd,
den Frauen unter die Erd."
(Alter Volksspruch)
Homöopathische Präparate
Heilkraut der Hildegard von Bingen

Pflanzencharakter

Allseits bekannte, zweijährige Pflanze mit krausen, geteilten Blättern und langer, möhrenartiger Wurzel. Erst im zweiten Jahr wächst ein bis zu 120 cm hoher Stängel aus, an dem die winzigen Blüten in einer Dolde stehen.

Petersilie kann auch die Funktion eines lebhaften, grünen Hintergrundes für Blumen übernehmen.

Pflanzen und Pflegen

Vor der Aussaat wird der Boden mit Kompost angereichert und die Samen ab Mitte März in Reihen ausgestreut und mit Erde bedeckt. Petersilie keimt erst nach 3–4 Wochen aus, daher empfiehlt es sich, Radieschen mitzusäen – Unkraut wird nur zwischen den Reihen entfernt. Sobald die Petersilie erscheint, braucht sie nur noch gegossen zu werden. Pflanzen Sie ab dem Spätsommer kleine Pflänzchen in Töpfe um, damit Sie auch im Winter einen Vorrat frischer Pflanzen haben; an einem relativ kühlen Platz wachsen lassen. Im Folgejahr muss Petersilie an einer anderen Stelle ausgesät werden. Säen Sie am besten sowohl die krause (dekorativer) als auch die glatte (würziger) Varietät aus.

Gestalten mit Petersilie

Die dichten Blattpolster der Petersilie (vor allem Krause Petersilie) in Töpfen und kleinen Kübeln passen wunderbar als „Grasersatz" zwischen andere Kübelpflanzen. Im Bauerngarten bilden sie nahezu perfekte Teiler innerhalb der Beete bzw. als Saumpflanzen am Beetrand. Um den kompakten Wuchs nicht zu stören, sollten Sie allerdings Pflanzen entfernen, die im zweiten Jahr den Blütenstängel austreiben.

Petersilie für Gesundheit und Wellness

Die vor allem in den Früchten enthaltenen Inhaltsstoffe wirken vorwiegend auf die Muskulatur von Darm, Blase und Gebärmutter. Da der Gebrauch nicht ungefährlich ist, sollten Sie sich auf die pikanten und völlig ungefährlichen Blättchen beschrän-

Petersilie
Kurzinfo:
Höhe/Breite: 20–30 cm/15–20 cm
Blütezeit: Juni–August
Blütenfarbe: weiß
Standortbedingungen: humusreiche, durchlässige Böden; Halbschatten (etwas Schatten wird vertragen)

Gewürzkräuter wie Thymian und Rosmarin kommen in attraktiven Körben besonders gut zur Geltung.

ken. Sie werden immer erst kurz vor dem Servieren zugegeben und passen zu allen Kartoffelgerichten, den meisten Salaten, zu vielen Gemüsegerichten und Suppen. Petersilie ist nicht nur lecker, sondern auch gesund: Sie enthält die Vitamine A, B, E und sehr viel Vitamin C, dazu Mineralien und Spurenelemente. Nach einem alten Volksglauben soll das Kraut die männliche Potenz steigern.

Ernten und Konservieren

Petersilie wird nach Bedarf geerntet. Wenn Sie immer nur die jeweils äußeren Blätter abschneiden, wächst die Pflanze weiter. Da getrocknete Petersilie stark an Aroma einbüßt, sollten Sie Ihren Vorrat einfrieren: Waschen Sie frische Petersilie gründlich ab; zwischen Küchenpapier kurz trocknen und die Stiele entfernen; nicht zu klein hacken und in eine Gefrierdose füllen und einfrieren. Daraus holen Sie sich mit einem Löffel die jeweils benötigte Menge.

ROSMARIN (Rosmarinus officinalis)

„Die Hälfte ist immer noch zu viel."
(Redensart unter Köchen)
Heilpflanze nach Pfarrer Kneipp
Heilkraut der Hildegard von Bingen

Rosmarin
Kurzinfo:
Höhe/Breite: bis 150 cm/60–100 cm
Blütezeit: März–Juli
Blütenfarbe: zartblau bis hellviolett
Standortbedingungen: durchlässiger, aber humusreicher Boden; volle Sonne

Tipp:
Nehmen Sie im Sommer stets einige Stecklinge ab – sollte der Rosmarin erfrieren, haben Sie gleich Ersatz.

Pflanzencharakter

Der Rosmarin ist ein echtes Kind des Südens, der seinen Duft vor allem an heißen Sommertagen verströmt. Er ist immergrün, am Grunde verholzt und viel robuster, als man ihm oft zutraut. Rosmarin hat schmale, nadelartige Blätter, und in den oberen Blattachseln stehen zahlreiche Lippenblüten.

Pflanzen und Pflegen

Der Boden, in dem der Rosmarin wachsen soll, muss mit Sand und Kies aufgelockert werden; die Pflanze wird im Container angeboten. Wer ganz sicher gehen möchte, sollte ihn in einen Topf pflanzen, im Frühling ins Beet versenken und im Herbst an einen kühlen, frostfreien Ort stellen. Risikofreudige Gärtner, die nicht gerade in Regionen mit bekanntermaßen eisigen Wintern wohnen, lassen den Halbstrauch im Beet stehen; er wird im Winter gut mit Reisig eingedeckt. Im Frühling werden erfrorene Zweige abgeschnitten und der Boden mit Kompost und organischem Dünger angereichert. Weitere Pflege ist nicht erforderlich; ab dem Hochsommer sollte der Strauch auch nicht mehr gegossen werden („saftige" Triebe erfrieren leicht).

Rosmarin für Gesundheit und Wellness

Entscheidend sowohl für die medizinische wie kulinarische Verwendung ist das ätherische Öl der Blätter. Der intensiv schmeckende Rosmarintee (1 Teelöffel) lindert alle Arten von Magen- und Darmbeschwerden sowie Völlegefühl und Blähungen. In süßem Wein extrahierte Blätter (ca. 20 g Triebspitzen für etwa eine Woche in eine Flasche Wein legen, anschließend durch einen Kaffeefilter abgießen) verwandeln den Wein in ein anregendes Getränk, das in kleinen Dosen eingenommen den Kreislauf anregt. Ein Rosmarinvollbad (ca. 50 g Triebspitzen in 1 l Wasser zum Sieden bringen, 30 Minuten ziehen lassen, dann durch ein Sieb ins Badewasser geben; alternativ käufliches Rosmarinöl tropfenweise ins Wasser geben) lindert Muskelkater und Rheuma, fördert die Durchblutung und hilft bei niedrigem Blutdruck. Legen Sie sich anschließend mindestens eine Stunde ruhig hin; nicht am Abend baden, denn Rosmarinbäder machen munter – vielleicht ein Grund dafür, dass sie als aphrodisisch beschrieben werden! In einer Duftlampe verdunstetes Rosmarinöl macht den Kopf klar und spendet neue Energie.

Rosmarin ist ein Bestandteil der Herbes de Provence, er gibt Fleischgerichten, Aufläufen und Eintöpfen ein mediterranes Flair und verleiht – auf der Grillkohle verbrannt – dem Fleisch ein würziges Aroma. Den gleichen Zweck erfüllt ein Zweig Rosmarin, der kurz in der ölgefüllten Pfanne angedünstet und herausgenommen wird, bevor Fleisch oder Bratkartoffeln zugegeben werden.

Ernten und Konservieren

Rosmarin kann in Form einzelner Blättchen oder der Triebspitzen frisch verwendet werden, lässt sich aber auch als Wintervorrat trocknen (niemals in der Sonne!). Ernten Sie die Blättchen im Sommer, und füllen Sie sie erst dann in Vorratsgläser, wenn sie vollständig getrocknet sind. Rosmarin lässt sich zum Aromatisieren von Essig und Öl verwenden.

SALBEI (Salvia officinalis)

„Warum sollte der Mensch sterben,
wenn Salbei in seinem Garten wächst?"
(Mittelalterliche Spruchweisheit)
Homöopathische Präparate
Heilpflanze nach Pfarrer Kneipp

Pflanzencharakter

Der Salbei ist ein Halbstrauch, der im Alter an der Basis verholzt. Seine weich behaarten, silbrig-grünen Blätter bleiben im Winter an den Zweigen. Die Lippenblüten stehen hoch über den Blättern in Büscheln rund um die Stängel.

Pflanzen und Pflegen

Salbei wird als Containerpflanze angeboten; Boden vor dem Einpflanzen mit Sand oder feinem Kies durchlässiger machen. Reichern Sie den Boden jedes Frühjahr mit Kompost und etwas Algenkalk an. Salbei ist nicht ganz winterhart und erfriert leicht (Winterschutz durch Fichtenreisig). Im Frühling werden die erfrorenen Zweige bis ins alte Holz zurückgeschnitten. Um jederzeit frische, unverholzte Pflanzen zu haben, senken Sie im Sommer Zweige mit einem „U" aus festem Draht in den Boden; der bewurzelte Zweig wird abgeschnitten und eingepflanzt.

Gestalten mit Salbei

Salbei ist in zahlreichen Sorten mit unterschiedlicher Blattfarben erhältlich. Vor allem die Samentütchen – Salbei kann auch ausgesät werden – enthalten meist ein Gemisch. „Sortieren" Sie die Jungpflanzen nach den Blattfarben, und arrangieren Sie daraus harmonische Gruppen in Töpfen oder im Beet. Wegen der Bodenansprüche wächst Salbei am besten in Steingärten als relativ niedriger Strauchersatz oder in einem mediterranen Beet. Er fügt sich auch gut in Arrangements aus silbernen Blättern z. B. Wollziest (Stachys byzantina), Silbergrauer Ehrenpreis (Veronica spicata) und weißen bis pastellrosa Blüten ein. Neben einem sonnigen Sitzplatz können Sie seinen Duft einatmen.

Grün- und buntlaubige Formen des Salbeis bilden bewegte und sehr wirkungsvolle Farbflächen im Beet.

Salbei für Gesundheit und Wellness

Salbeitee (1 Teelöffel) wird jeweils vor den Mahlzeiten getrunken. Er hilft gegen Verdauungsbeschwerden, Völlegefühl und unkontrollierte Schweißausbrüche (wer den relativ kräftigen Geschmack nicht mag, darf mit Honig oder Ahornsirup süßen). Förderlich für die Verdauung ist auch ein normal zubereitetes Apfelgelee (mit Gelierzucker und etwas Zitronensaft; dazu ein guter Schuss Rotwein), dem vor dem Erstarren zwei bis drei fein gewiegte Salbeiblätter beigefügt werden. Dieses Gelee kann gegessen oder als pikanter Soßenzusatz verwendet werden. Bekannt ist auch die antibakterielle und entzündungshemmende Wirkung von Salbei – aus diesem Grund ist er in vielen Zahncremes enthalten: Bereiten Sie den Tee doppelt so stark zu und gurgeln Sie bei Entzündungen im Mund-Rachen-Bereich.

In der Küche passt Salbei am besten in kleinen Mengen zu Suppen, Eintöpfen und Aufläufen, außerdem zu Fischsaucen, Lamm und Kalbfleisch. Die essbaren Blüten werden dekorativ über Rohkostsalate gestreut.

Ein kleines Kissen mit getrocknetem Salbei spendet – unter das Kopfkissen gelegt – ruhigen Schlaf, während das in der Duftlampe verdunstende Öl die Raumluft reinigt und belebt; der Duft wird süßlich-aromatischer, wenn Sie etwa Limetten- oder Zitronenöl zufügen.

Ernten und Konservieren

Die frischen Blätter werden nach Bedarf geschnitten, der Wintervorrat (Triebspitzen) zum Trocknen im Sommer, damit der Halbstrauch bis zum Winter wieder Blätter gebildet hat. Nach dem Trocknen werden die Blätter abgestreift (getrockneter Salbei ist sehr aromatisch). Eine Alternative bilden einzeln zwischen Folien gelegte Blätter, die eingefroren und nach Bedarf entnommen werden. Salbeiblätter aromatisieren Kräuteröle und -essig.

Salbei
Kurzinfo:
Höhe/Breite: 30–50 cm/40–50 cm
Blütezeit: Mai–August
Blütenfarbe: blau bis hellviolett
Standortbedingungen: trockener, durchlässiger Boden; volle Sonne

Tipp:
Ein warmes Fußbad mit 3 Tropfen Salbeiöl und einem Esslöffel Essig hilft gegen Schweißfüße.

Warnung: Salbeiöl und -tees sind nicht für den Dauergebrauch geeignet; sprechen Sie sich mit Ihrem Arzt ab.

GOLDRUTE (Solidago virgaurea)

„Goldrute ist allen anderen Kräutern zur Stillung blutender Winden überlegen."
(John Gerard, 1597)
Homöopathische Präparate

Pflanzencharakter

Die Goldrute ist eine Staude mit verdicktem Wurzelstock und aufrechtem Wuchs. An dem wenig verzweigten Stängel entspringen schmale, aber große Blätter; die zahlreichen, wie Einzelblüten wirkenden Blütenköpfchen stehen in einem verzweigten Blütenstand.

Gestalten mit Goldrute

Kombinieren Sie die medizinisch wichtige Echte Goldrute mit der Kanadischen Goldrute (S. canadensis; auch niedrige Sorten) oder den Hybriden. Sie zeichnen sich durch eine reichere Blütenpracht aus. Wegen der späten Blütezeit sind Goldruten wichtige Farbelemente für den spätsommerlichen bis herbstlichen Garten. Sie passen sowohl in eine Rabatte wie in den Bauerngarten – wirklich perfekt kommen sie jedoch in einem üppig blühenden Cottage Garden neben hohen Glockenblumen (Campanula persi-

Neben der Echten Goldrute sollten Sie auch einige der gärtnerisch attraktiveren Solidago-Hybriden pflanzen.

cifolia), Indianernesseln (Monarda-Hybriden) oder Rudbeckien (Rudbeckia) zur Geltung – im Herbst neben Glattblattastern (Aster novi-belgii). Bei einem Platz im Hintergrund werden die weniger attraktiven Blätter von anderen Stauden verdeckt.

Goldrute für Gesundheit und Wellness

Der harntreibende und entzündungshemmende Goldrutentee (1–2 Teelöffel) wird bei Entzündungen von Blase und Niere getrunken. Obwohl keine Nebenwirkungen bekannt sind, sollten Sie unbedingt Rücksprache mit dem Arzt halten, denn Erkrankungen der Harnwege können gefährlich sein. Regelmäßig zwischen den Mahlzeiten getrunken, soll der Tee der Harnsteinbildung vorbeugen.

Goldrute
Kurzinfo:
Höhe/Breite: bis 1 m/40–50 cm
Blütezeit: Juli–Oktober
Blütenfarbe: gelb
Standortbedingungen:
lockerer Boden; Sonne

Ernten und Konservieren

Geerntet werden die oberen Triebe mit den eben aufblühenden Blüten. Trocknen Sie die Goldrute in Sträußen, und bewahren Sie die Droge in Gläsern auf.

Ein außergewöhnlicher Kräuterweg aus quadratisch aneinander gereihten Beeten mit Thymian und Lavendel.

THYMIAN (Thymus vulgaris)

„Thymian bringt lust zum essen, vertreibt gewaltig die bläst vnd winde im leib."
(P. A. Mattioli, 1586)
Homöopathische Präparate

Pflanzencharakter

Thymian ist ein locker polsterförmig wachsender Halbstrauch, der im Innern verholzt. Seine vierkantigen Triebe sind stark verzweigt. Die fast nadelschmalen Blätter mit umgerolltem Rand bleiben auch im Winter stehen.

Pflanzen und Pflegen

Thymian ist als Containerpflanze erhältlich; reichern Sie den Boden vor dem Einpflanzen mit reichlich Sand an, und verwenden Sie keinen Dünger. Um eine kompakte Wuchsform zu bewahren, sollte der Thymian im Frühling zurückgeschnitten werden, dabei entfernen Sie gleich die erfrorenen Triebe. Thymian kann durch Stecklinge für die Fensterbank oder zum Ersatz älterer Pflanzen vermehrt werden.

Gestalten mit Thymian

Da der Thymian unbedingt trockene Standorte braucht und auf feuchten Böden kümmert, sollte er als Einfassung in einem mediterranen Trockenbeet oder in einem Steingarten ein Plätzchen finden – natürlich geht auch ein Kübel mit sandigem Substrat. Er eignet sich als Mauerpflanze in einem durch Natursteine abgefangenen Hang oder für den oberen (trockenen) Bereich einer Kräuterspirale. Sehr hübsch sehen Zwiebelpflanzen (Krokus, kleine Tulpen) aus, die sich im Frühling durch seine Zweige nach oben schieben. Die Blütenwirkung kann durch andere Thymianarten (z. B. T. x citriodorus, T., serpyllum) und -sorten mit farbigen Blättern sowie durch niedrige Steingarten-Polsterstauden wie Stein- brech (Saxifraga) verstärkt werden.

Thymian für Gesundheit und Wellness

Thymiantee (1 Teelöffel) löst Husten und den Schleim bei Erkältungskrankheiten; mildern Sie den strengen Geschmack mit Honig. Zur Beruhigung von Magenkrämpfen sollte der Tee allerdings ungesüßt getrunken werden. Für ein Erkältungsbad übergießen Sie etwa 100 g der Blätter mit 1 l kochendem Wasser, lassen sie 15 Minuten lang ziehen und gießen den Sud durch ein Sieb in die gefüllte Badewanne. Atmen Sie die Dämpfe etwa 15 Minuten lang ein, und legen Sie sich anschließend ins Bett. In der volksmedizinischen Anwendung soll dieses Bad gegen Rheuma helfen.

Thymianöl in der Duftlampe kann eine nahende Erkältung abwenden (Eukalyptusöl verstärkt den Effekt), während ein paar Tropfen davon in einer Körperlotion die natürliche Hautflora stärkt.

In der Küche wird das frische Kraut als Sträußchen mitgegart: Es passt zu allen Fleischarten (macht fettes Fleisch verdaulicher), Gemüseaufläufen (Blätter hacken), Suppen und Eintöpfen.

Tipp:
Thymian ist ein Bestandteil von Kräutermischungen für Duftsäckchen.

Thymian
Kurzinfo:
Höhe/Breite: bis 30 cm/50–60 cm
Blütezeit: Mai–Oktober
Blütenfarbe: rosa bis sehr helllila
Standortbedingungen: trockener Boden in voller Sonne

Auch Thymian wird in verschiedenen Varietäten mit buntem Laub angeboten.

Ernten und Konservieren

Das frische Kraut wird nach Bedarf geerntet; Vorrat zum Trocknen ernten Sie kurz vor der Blüte. Thymian wird im Sträußchen getrocknet, die trockenen Blätter abgestreift und in dicht verschlossenen Behältern aufbewahrt. Thymian kann zum Aromatisieren von Kräuterölen und -essig verwendet werden (sehr „südlich" in Verbindung mit Rosmarin).

Kapuzinerkresse
Kurzinfo:
Höhe/Breite: bis 5 m lange Triebe
Blütezeit: Juni–Oktober
Blütenfarbe: gelb bis leuchtend rot
Standortbedingungen:
nährstoffreicher, nicht zu feuchter Boden;
Sonne bis Halbschatten

Die Kapuzinerkresse gehört zu den besonders pflegeleichten und üppig wachsenden Gartenpflanzen.

KAPUZINERKRESSE
(Tropaeolum majus)

„Eine Krone für Kapuzinerkresse"
(E. de Lestrieux und I. de Belder-Kovacìc)

Pflanzencharakter

Die Kapuzinerkresse ist eine einjährige kletternde oder kriechende Pflanze mit fast runden, schildartigen Blättern. Die sehr großen Blüten enden mit einem Sporn.

Pflanzen und Pflegen

Die großen Samen werden zu 2–3 in 2 cm tiefe Löcher gelegt und mit Erde bedeckt. Da sie frostempfindlich sind, müssen Sie entweder die Eisheiligen abwarten oder die Pflanzen im Topf vorziehen. Außer regelmäßigem Gießen (kein Dünger) verlangen sie keine Pflege.

Gestalten mit Kapuzinerkresse

Die langen, kletternden Triebe und die frisch-grünen Blätter bedecken alles, worüber man sie erzieht: Komposthaufen und Zäune, Laubenwände und Heckensträucher, Stangenwigwams oder Bögen. Sie kann aber auch im Balkonkasten oder im Kübel wachsen. Als Partner empfehlen sich Arten mit markanten Blüten wie Studentenblumen (Tagetes), Ringelblumen (Calendula) oder einjährige Salbei-Arten.

Kapuzinerkresse für Gesundheit und Wellness

Obwohl die Inhaltsstoffe der Blätter die Immunabwehr stimulieren, Katarrhe bekämpfen und die Durchblutung fördern, lässt sich diese Wirkung nur nach technischer Aufbereitung (Medikamente) nutzen. Dennoch sollte die Kapuzinerkresse in jedem Wellness-Garten ein Plätzchen finden, denn die zu feinen Streifchen geschnittenen Blätter schmecken wunderbar pfeffrig (etwas schärfer als Kresse); sie passen zu Rohkostsalaten, Kräuterquark oder -butter. Die essbaren, intakten Blüten bilden eine fantastische Krönung von Salaten, Bowlen, Eis und Softdrinks oder werden als Tischdekoration ausgestreut.

Ernten und Konservieren

Kapuzinerkresse kann nur frisch verwendet werden und wird nach Bedarf geerntet.

BALDRIAN (Valeriana officinalis)

„Baldrian, Dost und Dill;
kann die Hex' nicht, wie sie will."
(Fränkischer Volksspruch)
Homöopathische Präparate
Heilpflanze nach Pfarrer Kneipp

> ***Baldrian***
> ***Kurzinfo:***
> *Höhe/Breite: 30–150 cm/60–70 cm*
> *Blütezeit: Mai–August*
> *Blütenfarbe: rosa bis fast weiß*
> *Standortbedingungen: feuchte bis trockene Böden; Sonne bis Halbschatten*

Pflanzencharakter

Die gerillten Stängel des Baldrians wachsen aus einem großen Wurzelstock aus. Er hat große, gefiederte Blätter und steif aufrecht stehende Blütenstängel. Baldrian ist relativ anspruchslos und fühlt sich an vielen Standorten wohl; die Blüten duften süß.

Pflanzen und Pflegen

Baldrian kann ausgesät werden, in den Kräuterabteilungen ist er jedoch gewöhnlich auch als Containerpflanze vorhanden. Lockern Sie den Boden um das Pflanzloch auf, und mischen Sie Kompost in die Pflanzerde. Als Standorte kommt das gesamte Spektrum zwischen halbschattig und feucht bis sonnig und trocken in Frage. Die beste Qualität erreicht die Wurzel allerdings an sonnigen Stellen.

Gestalten mit Baldrian

Die Blüten stehen auf langen, fast kahlen Stängeln. Wenn sie durch andere Stauden verdeckt werden, sorgen Baldrianblüten für einen hübschen Hintergrund in Rabatten mit Pastelltönen. Auch der Kontrast zu den markanten Blättern der Blaublattfunkien (sie blühen etwa gleichzeitig) im lichten Schatten eines Gehölzes lohnt einen Versuch.

Baldrian für Gesundheit und Wellness

Das ätherische Öl und andere Inhaltsstoffe der getrockneten Wurzel sorgen in Teeform für einen entspannten und ruhigen Schlaf; er kuriert nervöse Spannungen, Herzschmerzen und Magen-Darm-Beschwerden. Man trinkt den Tee (1 Teelöffel) etwa eine Stunde vor dem Schlafengehen. Genauso wirkungsvoll ist ein Vollbad mit Baldrianduft (100 g Wurzeln in 3 l Wasser ca. 10 Minuten kochen lassen und durch ein Sieb ins Badewasser gießen); die Baldriantinktur aus der Apotheke erfüllt denselben Zweck.

Ernten und Konservieren

Graben Sie die zweijährige Wurzel im Herbst mit einer Grabgabel vorsichtig aus, und befreien Sie sie vollständig von Erde. Die Wurzel wird als Ganzes oder in Teilstücken auf einen Faden gezogen und getrocknet; nur absolut trockene Stücke kommen in einen verschließbaren Vorratsbehälter. Da die Ernte einen gewissen Aufwand erfordert, ist es sinnvoll, das Heilkraut im Garten wachsen zu lassen und die Wurzeldroge aus der Apotheke zu beziehen.

ANWENDUNGEN UND REZEPTE

Jedes Präparat, jede Zubereitung ist nur so gut wie die verwendeten Rohstoffe. Selbstverständlich können Sie bei der Herstellung von Tees, Badezusätzen und Gurgelmitteln auf Kräuter aus der Apotheke zurückgreifen – sie sind in bestem Zustand, geprüft und preiswerter als Fertigprodukte. Allerdings ist es äußerst befriedigend, seine eigenen Kräuter zu verarbeiten. Eine Ausnahme von der Regel stellen die gereinigten ätherischen Öle von Duftpflanzen dar; ihre Extraktion ist zu aufwändig. Sie werden in Reformhäusern, Apotheken sowie in Läden für Naturkosmetik angeboten.

Ernten, Lagern und Konservieren

Ernten

Kräuter werden geerntet, wenn sie den höchsten Gehalt an Inhaltsstoffen besitzen. Sofern nicht anders erwähnt, ist dies kurz vor der Blüte der Fall. Schneiden Sie nur so viele Triebe ab, dass die Pflanze nicht leidet bzw. sich wieder erholen kann. Der beste Zeitpunkt ist ein später Vormittag an einem trockenen Tag, sobald der Tau auf den Blättern verdunstet ist.

Trocknen

Binden Sie kräftige Pflanzen zu Sträußchen zusammen, einzelne Blätter oder Blüten werden auf Küchenpapier oder einem Tuch ausgebreitet (das geht besonders gut in flachen, stapelbaren Obstkisten aus Spanholz). Die Pflanzen müssen im Schatten trocknen, damit sich ihre ätherischen Öle möglichst nicht verflüchtigen. Der Vorgang ist abgeschlossen, wenn sich die Blätter trocken anfühlen und auf reibenden Druck zerbröseln. Heben Sie die getrockneten Kräuter in dicht schließenden, dunklen Gefäßen aus Glas, Metall oder Keramik auf. Obwohl trockene Kräuter mehrere Jahre lang haltbar sind, ist es sinnvoll, jedes Jahr neue Vorräte anzulegen.

Einfrieren

Für viele Würzkräuter (z.B. Basilikum, Dill, Estragon, Melisse, Petersilie, Thymian) ist Einfrieren die bessere Alternative. Die frischen Pflanzen werden gewaschen, durch sanften Druck zwischen zwei Küchenpapierlagen getrocknet und klein gehackt. Drücken Sie die Kräuter in die Formen einer Eiswürfelschale, und gießen Sie sie mit Wasser auf. Gefrorene Würfel werden in Gefrierbeuteln oder -dosen gelagert. Zum Würzen geben Sie die Würfel zu den garenden Speisen; das Wasser taut, und die Aromen werden frei.

Alternativ können Sie auch frische Zweige oder Blätter in Gefrierbeuteln einfrieren und nach Bedarf entnehmen bzw. die Zweige kurz anfrieren, herausnehmen, im Beutel mit der Hand oder einem Nudelholz zerbröseln und dann in eine flache Gefrierdose füllen.

Ein Kräutertee nach einem entspannenden Wellness-Bad – wer denkt da noch an Stress?

Eine wohltuende Massage lässt Sie Ihren Alltagsstress bald vergessen.

Kräuter für Gesundheit und Wohlbefinden

Sofern bei den Einzelpflanzen nicht anders erwähnt, werden die Kräuter wie im Folgenden beschrieben zubereitet:

Tee (Aufguss)

Übergießen Sie die trockenen, klein geschnittenen Kräuter bzw. Blüten mit 150 ml kochendem Wasser (etwa der Inhalt einer Kaffeetasse; ein Kaffeebecher fasst etwa 200 ml). Legen Sie einen Unterteller umgekehrt darüber. Nach 10–15 Minuten wird der Aufguss durch ein Teesieb in das Trinkgefäß umgefüllt. Auf dieselbe Weise wird Gurgelflüssigkeit zubereitet.

Dampfbad

Bereiten Sie einen Aufguss aus 2–3 Esslöffeln der Pflanzendroge in 1 l heißem Wasser. Gießen Sie die Flüssigkeit in eine flache Schüssel, und halten Sie Ihren Kopf darüber; legen Sie ein Handtuch über Kopf und Schüssel. Versuchen Sie, Dämpfe und Wärme etwa 10 Minuten lang zu ertragen, und legen Sie sich anschließend hin. Vielfach ist es günstiger, für ein Dampfbad auf kommerzielle ätherische Öle zurückzugreifen – dann richten Sie sich nach den Packungsangaben. Dampfbäder eignen sich auch zur Pflege der Haut: Arnika, Johanniskraut, Salbei, Thymian für unreine Haut; Borretsch für schlecht durchblutete Haut; Fenchel, Lavendel für trockene Haut; Kamille, Pfefferminze, Rosmarin für fette und unreine Haut; Melisse bei müder Haut.

Teilbad

Arm- oder Fußbäder werden nach dem gleichen Rezept hergestellt. Besonders entspannend für müde Füße ist ein lauwarmes Fußbad mit Rosmarin oder Lavendel; wenn Sie gekaufte Duftöle verwenden, können Sie auch Zedern-, Zitronen- oder Zypressenöl zugeben.

Vollbad

Für viele Menschen ist ein Vollbad – warmes Badezimmer, Entspannungsmusik, Kerzen, Duftlampe – der Gipfel der Entspannung. Auch hier können extrahierte Öle oder eigene Kräuterzubereitungen Wunder wirken. Übergießen Sie eine Hand voll frischer oder getrockneter Kräuter mit 1 l kochendem Wasser, und lassen Sie den Aufguss 10 Minuten lang stehen. Gießen Sie ihn durch ein Sieb ins vorbereitete Badewasser. Streuen Sie Blätter oder Blüten auf die Wasseroberfläche, so bieten Sie auch Ihren Augen eine Sinnesfreude. Frottieren Sie sich nach dem Bad (10–15 Minuten) ab, reiben Sie Ihre Haut ggf. mit einem Pflegeöl ein, und legen Sie sich ins Bett, damit sich Ihr Körper vollständig entspannt.

Salben

Duftende, die Haut pflegende Salben stellen Sie am einfachsten aus Vaseline (Apotheke) her. Lassen Sie die Vaseline in einem Wasserbad schmelzen, und geben Sie duftende, fein gehackte Kräuter oder Blüten bzw. einige Tropfen ätherisches Öl hinzu; etwa 15 Minuten lang umrühren. Dann wird die Masse durch ein Passiertuch (oder eine saubere Stoffwindel) in Schraubgläser gedrückt und kann erkalten. Aus Ringelblumenblüten bereiten Sie sich eine wirkungsvolle Salbe gegen Muskelkater, Verbrennungen und Abschürfungen zu, die im Kühlschrank mehrere Monate haltbar bleibt.

Pflanzenöle und -cremes aus dem Garten oder dem Naturkosmetikgeschäft gehören zum Besten, was Sie Ihrer Haut gönnen können.

Massagen

Gönnen Sie sich die beruhigende Wirkung einer sanften Partnermassage. Verwenden Sie fertige, aromatische Massageöle oder aromatisieren Sie Jojoba-Öl, Mandel- oder Sesamöl mit einigen Tropfen ätherischen Öls. Bei solchen Massagen kommt es weniger auf die professionelle Lockerung der Muskeln, sondern mehr auf das „Wohlfühl-Gefühl" und die „Streicheleinheiten" in angenehmer Umgebung an. Die einfachste Form der Massage ist die so genannte Effleurage: Dabei folgen Sie unter leichtem Druck mit den Handflächen den Konturen des Körpers (zum Herz hin sollte der Druck etwas stärker, vom Herz weg etwas sanfter ausfallen). Mit Feingefühl wird die Reibtechnik ausgeführt: Streichen Sie bei aufgelegter Hand mit dem Daumen unter leichtem Druck über die Haut – der Daumen folgt in engen Spiralen den Körperkonturen. Brechen Sie ab, wenn der Partner den Druck als unangenehm empfindet.

Gesichts- und Fußbäder mit Duftölzusätzen sind äußerst wohltuend für Körper und Seele.

Kräuter für die Wohnung

Mit Blumensträußen, frisch gepflückt oder auch in Form von Trockenblumen, mit Duftschalen und anderem mehr bringen Sie den Garten in Ihre Wohnung.

Trockenblumen

Grundsätzlich lassen sich alle Blumen trocknen, wenn auch nicht gleichermaßen gut. Probieren Sie für den Hausgebrauch aus, welche Ihrer Gartenblumen sich am besten eignen. Versuchen Sie es vorrangig mit gelb bis rot blühenden, robusten Köpfchenblüten – je feiner und größer die Blüte, desto leichter zerbricht sie in trockenem Zustand; blaue Blüten bleichen leichter aus. Mischen Sie einen duftenden Zweig bei (Rosmarin, Thymian, Lavendel oder einige Tropfen des entsprechenden Öls), damit Ihr Blumenstrauß auch die Nase anspricht. Machen Sie schon die Komposition des Straußes zu einer Entspannungs- und Konzentrationsübung.

Duftlampen und -schalen

Duftlampen sind in zahlreichen Varianten erhältlich, von einfachen Keramiklampen bis hin zu verspielten Modellen aus Glas und Stahl – suchen Sie sich ein zu Ihnen passendes Design aus. Eine Wärmequelle (bei einfachen Modellen ein Teelicht) erwärmt eine Schale mit Wasser, in die das Öl eingeträufelt wird. Der zarte Duft des verdampfenden Öls breitet sich im Raum aus. Elektrische Modelle sind als Ventilatoren oder Duftsteine („Aroma-Stone") erhältlich. Eine einfachere Variante sind die Duftschalen.

Dabei schwimmen auf der Wasseroberfläche einer Schale Zweige, Blätter oder Blüten (z. B. Rosen- oder Lavendelblüten); Schwimmlichter (Kerzen) und tropfenweise auf die Pflanzen geträufeltes Öl verstärken die Wirkung.

Potpourris und Duftsäckchen

In der Provence werden sie an jeder Straßenecke angeboten: Duftsäckchen mit dem „Duft des Mittelmeeres". Statt die Duftkräuter seiner Wahl in Leinensäckchen einzunähen (gut für Schränke oder mit Lavendel gegen Schlaflosigkeit unter dem Kopfkissen), kann man sie auch in kleinen Schraubdeckelgläschen aufbewahren. Immer dann, wenn das Glas geöffnet wird, strömt ein Potpourri von Düften in den Raum. Komponieren Sie aus Duftkräutern und getrockneten Blüten attraktive Schaugläser – frischen Sie den Duft von Zeit zu Zeit mit Ölen auf. Den oben beschworenen Duft der Provence liefern: Lavendel, Rosen, Rosmarin und Thymian; frischen Raumduft spenden Melisse, Pfefferminze, Thymian, Zitronengeranie.

Ein Vollbad bei romantischem Kerzenlicht inmitten duftender Rosenblätter ist die Krönung der Entspannung.

Mit einem Wiegemesser lassen sich frische Kräuter optimal zerkleinern.

Kräuter in der Küche

Kräuteressig, Kräuteröl

In Essig und Öl lässt sich das Aroma von Gewürzen besonders wirkungsvoll für Speisen und Salate konservieren. Grundsätzlich können Sie alle Kräuter – sogar Zwiebeln, Bärlauch und Knoblauch – auf diese Weise zubereiten. Beginnen Sie mit einfachen Aromen, und fügen Sie später jeweils andere Kräuter hinzu, bis Sie Ihre ganz persönliche Würzmischung gefunden haben. Wagen Sie Ihren ersten Versuch z. B. mit frischem Salbei oder Rosmarin: Füllen Sie einen halben Liter Öl in eine Flasche mit weitem Hals; geben Sie die gereinigten und abgetrockneten Kräuter dazu. Lassen Sie das Öl 1–2 Wochen im Schatten stehen, dann wird es durch ein konisches Küchensieb (Kaffeefilter oder feines Tuch einlegen; der Filter hält alle Schwebteilchen zurück) in eine dunkle Flasche gefiltert. Ein guter Kräuteressig sollte 3–4 Wochen lang ziehen.

Pesto

Neben dem italienischen Originalrezept – Pesto aus Basilikum – lassen sich auch andere aromatische Kräuter zu einer ölhaltigen Paste verarbeiten (Grundrezept siehe bei Bärlauch und Basilikum) und im Kühlschrank lagern.

Kräuterbutter und -mayonnaisen

Vermischen Sie zimmerwarme Butter mit zerdrücktem Knoblauch oder fein gewiegtem Bärlauch sowie einem Spritzer Zitronensaft, und fügen Sie fein gewiegte Kräuter nach Belieben dazu (z. B. Basilikum, Dill, Kerbel, Petersilie, Melisse, Thymian); alles gut verrühren. Als attraktive Dekoration für ein Buffet geben Sie Blüten dazu. Rollen Sie die Butter in Alufolie ein, und legen Sie sie in den Kühlschrank. Kurz vor dem Servieren wird die Butter in Scheiben geschnitten. Gehen Sie bei Mayonnaisen entweder von einem Fertigprodukt aus, oder rühren Sie Eigelb mit Olivenöl zu einer eigenen Mischung an.

Bohnenkraut schmeckt frisch oder getrocknet gut zu Eintöpfen, Ragouts und Aufläufen.

Kräutersenf

Grundstoff ist ein einfacher, mittelscharfer Senf ohne Zusätze. Mischen Sie zu je 100 g Senf 4–5 Esslöffel frische, zerkleinerte Kräuter hinzu; gut verrühren. Der Klassiker in dieser Reihe ist der Estragonsenf; gut zu Fleisch schmecken Basilikum- und Salbei-Senf; Dill- und Thymiansenf sind etwas milder.

Kräuterkäse

Eine hübsche Idee für Partys ist selbst eingelegter Käse. Dazu eignen sich alle festen Käsesorten (am besten Schafskäse, Ziegenkäse oder Mozzarella). Schneiden Sie den Käse in 1 cm große Würfel, und füllen Sie ihn in ein Glas. Vermischen Sie Olivenöl mit grünen Pfefferkörnern (wer Schärfe liebt, kann Chili-Schoten zufügen) und Kapern mit dem Gewürz Ihrer Wahl (z. B. Oregano, Thymian, Rosmarin), und gießen Sie es über den Käse; üblicherweise gehören auch 2–3 Knoblauchzehen dazu. Das Ganze muss einige Tage lang ziehen und wird mit Brot oder auf einem frischen Blattsalat serviert – bereiten Sie unterschiedliche Geschmacksrichtungen vor.

Es muss nicht immer der Garten sein – Kräuter wachsen ebenso gut in Kübeln und Töpfen auf der Terrasse.

Fotograf, Autor und Verlag bedanken sich bei folgenden Gartenbesitzern, Gartengestaltern, Einrichtungen und Firmen für ihre Mitarbeit und Hilfe:

Arnoldshof, NL, S. 36, 37 re.
Barnsley House, GBR, S. 51
Berges, D, S. 37 li.
Bödeker, D, S. 5 li.
Caesar, D, S. 24
Cleen Lelie, NL, S. 44
De Hagenhof, NL, S. 62
De Heerenhof, NL, S. 14
De Brinkhof, NL, S. 17
De Keukenhof, NL, S. 34
Erlemann, D, Großes Titelfoto, Planung: Büro Püschel, D
Fasching, D, S. 33, Planung: Fuchs baut Gärten
Giardini, B, S. 18
Grugapark Essen, D, S. 38, 47
Heigroth, D, S. 31
Jonker, NL, S. 59
Lucenz/Bender, D, S. 20, 26, 39, 41, 42
Mayr, D, S. 2
Meyhof, NL, S. 72, 96
Meier Evi, D, S. 22
Neschkes, D, S. 94
Oudolf, NL, S. 54
Priona Tuinen, NL, S. 56
Rheims, D, S. 19 o.
Schröder-Bourgois, D, S. 11
Stuurmann, NL, S. 10, 23
Schlosspark Benrath, D, S. 27, 28, 74,
Planung: Christine Orel, D
Steinhauer, D, S. 29
Staudengärtnerei Arends, D, S. 80
Turkenburg, D, S. 32, 92, Planung: Püschel, D
Versicolor, NL, S. 70
Wenninger, D, S. 19, 30, Planung: Büro Püschel, D
Winkler, D, S. 52
Westerhuis, NL, S. 63
Wisse, NL, S. 45
Wittich, D, S. 21

Alle Fotos Jürgen Becker, außer:
Justyna Krzyzanowska: Titel 1 und 2. Foto oben links, S. 4, 5 re., 8, 9, 12, 13, 16, 41, 84, 85, 86, 89, 90
Ralf Joest S. 32, 92

Literatur:

Chevallier, A.: „Die BLV Enzyklopädie der Heilpflanzen"
BLV, München

Kettenring, M.: „Ätherische Öle für Beauty & Wellness"
Ludwig Verlag, München

Lestrieux, E.; de Belder, J.: „Der Geschmack von Blumen und Blüten"
Monte von DuMont Buchverlag, Köln

Pittroff, U.; Niemann, C.; Regelin, P.: „Wellness"
Gräfe und Unzer, München

Schönfelder, I. und P.: „Der neue Kosmos Heilpflanzenführer"
Franck-Kosmos Verlag, Stuttgart

Seitz, P.: „Kräutergarten"
Franck-Kosmos Verlag, Stuttgart

Wagner, H.: „Starke Nerven"
Südwest Verlag, München

„Für die Frau, die mir gut tut."
Wolfgang Hensel

Die nicht winterharten Myrten, hier als Hochstämmchen, verleihen im Sommer jeder Terrasse ein mediterranes Flair.

REGISTER

Weinraute bildet ungewöhnliche Begrenzungen nicht nur für Kräuter-, sondern auch für Bauerngartenbeete.

REGISTER